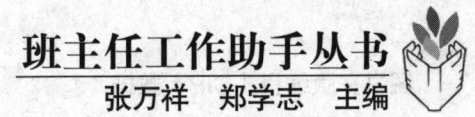

班主任工作助手丛书

张万祥 郑学志 主编

魅力班会是怎样炼成的

杨兵 著

中国轻工业出版社

图书在版编目（CIP）数据

魅力班会是怎样炼成的／杨兵著．—北京：中国轻工业出版社，2010.1（2020.6重印）
（班主任工作助手丛书）
ISBN 978-7-5019-7317-0

Ⅰ．①魅…　Ⅱ．①杨…　Ⅲ．①班会－中小学　Ⅳ．①G635.5

中国版本图书馆CIP数据核字（2009）第172385号

总策划：石　铁
策划编辑：吴　红　　　　责任终审：杜文勇
责任编辑：吴　红　　　　责任监印：刘志颖

出版发行：中国轻工业出版社（北京东长安街6号，邮编：100740）
印　　刷：三河市鑫金马印装有限公司
经　　销：各地新华书店
版　　次：2020年6月第1版第8次印刷
开　　本：710×1000　1/16　印张：14.25
字　　数：153千字
印　　数：19001—21000
书　　号：ISBN 978-7-5019-7317-0　　定价：25.00元

读者热线：010-65181109，65262933
发行电话：010-85119832　传真：010-85113293
网　　址：http://www.chlip.com.cn　http://www.wqedu.com
电子信箱：1012305542@qq.com
如发现图书残缺请与我社联系调换
90788J5X101ZBW

丛书总序

班主任因其特殊的使命、特殊的地位、特殊的身份，越来越为人们所关注。班主任工作饱含着太多的诗意和艰辛、太多的获得和奉献、太多的追求和跋涉、太多的责任和义务……教育之爱在班主任中流淌不息，教育使命在班主任生命中延续不止。一代代班主任执着于"捧着一颗心来，不带半棵草去"的情怀，在教育的路上，启迪蒙昧的心灵，点亮人生的路灯。在清贫中坚守责任，在坚守中甘于奉献，在奉献中无怨无悔地传承着人类的文明，殚精竭虑地培育着中华民族的未来。

班主任就是一部书。这部书集古今文明的瑰宝于一册，聚世界科学发明创造的结晶于一身。读罢这部书，可以思接千载，视通万里，雏鹰羽翼渐丰，骏马四蹄生风。班主任是部高雅的书，没有猥琐，没有卑劣，更没有铜臭味和名利场的喧嚣声。她让人成为仁义之士、伟岸丈夫、坦荡君子，玉洁而冰清。她教人爱国爱民，"先天下之忧而忧，后天下之乐而乐"；她教人"老吾老以及人之老，幼吾幼以及人之幼"，推己及人；她教人"穷则独善其身，达则兼济天下"，"位卑未敢忘忧国"，以天下为己任。怎样见义勇为、助人为乐，怎样孝敬父母、修身养性，怎样敬业重道、惜时如金，她一清二楚，如数家珍。读完她，在经济上也许还是清贫，而在精神上你绝对是富翁。班主任这部书充满凛然正气，动天地而泣鬼神。这里有盗火给人间而被锁在高加索山崖上的普罗米修斯，有掏出心脏做火把将迷路的众人引出密林的丹柯，有"留取丹心照汗青"的文天祥,肝胆照日月的岳飞的满腔赤诚;这里有朱自清宁肯饿死也不吃美国救济粮的铮铮铁骨,有闻一多先生拍案而起的万钧雷霆;有不为金钱所动毅然回归祖国的钱学森的一身正气,也有那为莘莘学子鞠躬尽瘁、为人师表的两袖清风。这部书光照日月,赤心可鉴,容不得奴颜媚骨、恃强凌弱、狗苟蝇营。班主任这部书有哲学家的睿智,有艺术家的灵感,有科学家的聪明。她素淡优雅,魅力无穷,让人心醉神迷,令人赏心悦目,教育代代青年去挥写辉煌灿烂的人生。

目前,全国中小学约有435万个教学班,约有440万名教师担任着班主任工作,影响着近2亿的中小学生。班主任任重而道远,《教育部关于进一步加强中小学班主任工作的意见》中明确指出:"中小学班主任是中小学教师队伍的重要组成部分,是班级工作的组织者、班集体建设的指导者、中小学生健康成长的引领者,是中小学思想道德教育的骨干,是沟通家长和社区的桥梁,是实施素质教育的重要力量。中小学班主任工作是学校教育中极其重要的育人工作,既是一门科学、也是一门艺术。在普遍要求全体教师都要努力承担育人工作的情况下,班主任的责任更重,要求更高。做班主任和授课一样都是中小学的主业,班主任队伍建设与任课教师队伍建设同等重要。加强中小学班主任工作,对于贯彻党的教育方针,全面推进素质教育,把加强和改进未成年人思想道德建设的各项任务落在实处,具有十分重要的意义。"这个重要文件还指出:"中小学班主任工作面临许多新问题、新挑战。经济社会的深刻变化、教育改革的不断深化、中小学生成长的新情况新特点,对中小学班主任工作提出了更高的要求……必须树立正确的教育理念,遵循中小学生身心发展的规律,运用科学的教育方法,善于利用各种教育资源。"

我们注意到这样一种情况,班主任工作是学校教育工作中非常受关注的一个部分,然而这份光荣的任务却常令许多班主任教师,尤其是初涉这一工作的教师备感沉重的压力并为之头疼。近年来,随着教育部对班主任队伍建设的大力推进,我国中小学班主任的整体素质有了较大的提高。但是,在中小学教育领域,学生层出不穷的新问题、班主任工作内容的不断增加、学校和家长对班主任要求的不断提高、班主任教师还要承担一定的教学任务等现实情况，致使许多班主任教师对班主任工作疲于应付，产生了职业倦怠。这是不容忽视的。

为此，我们组织撰写了《班主任工作助手丛书》，它包括：《把班级还给学生——班集体建设与管理的创新艺术》、《班主任工作的55个"鬼点子"》、《德育智慧源何处——心灵感悟德育经典案例》、《魅力班会是怎样炼成的》、《与学生家长"过招"——班主任的家长工作艺术和技巧》和《遭遇问题学生——问题学生的教育与转化技巧》。我们希望帮助班主任进一步提升教育理念，掌握实用的工作方法和技能，克服职业倦怠，减轻心理负担，在育人过程中增强知识性、科学性、娱乐性、趣味性，不断增强工作的针对性和实效性。

这套丛书侧重于通过案例的剖析来阐述班主任的工作方法与策略，体现德育思想与理念，突出实践指导性和可操作性。语言力求生动、通俗，可读性强。我们追求的目标是以质量为生命点，以新颖为吸引点，以实用为出发点，以开发新思维为落脚点。我们在撰写之际，注意给读者介绍实用的方法与技巧，更注重于德育思想与理念上的感悟。我们认为方法与技巧是技术层面上的，而德育思想与理念是根本性的，它是基石，可以源源不断地产生新的方法与技巧。而在注重德育思想与理念方面，我们也力求避免空泛，以生动的经典的案例为依托。

作为主编，我想再说明两点：

第一，这部丛书的作者大部分是活跃在班主任工作一线的优秀班主任，其中几位还是研究班主任工作的青年专家，他们都有深厚的科研功底，较高的写作水平，精湛的教育艺术，已经取得了骄人的成绩，在全国有广泛的影响。如，万玮，是上海市"德育工作先进个人"，2006年上海教育年度十大人物之一；其代表作《班主任兵法》已经再版十多次，发行十几万册；他是全国著名实战派班主任，被誉为"班主任中的军事家"。又如，郑学志，是《班主任工作招招鲜》、《班主任工作新视角》、《爱的建议》、《呵护心灵》等23部教育教学畅销书的作者；其教学教研成果获湖南省第六届基础教育教研成果一等奖；湖南卫视、《中国图书商报》、《教师报》、《教师博览》、《班主任之友》等十余家新闻媒体报道过他的教育事迹。再如，郑立平，是山东省十大创新班主任、齐鲁名师、国家级骨干班主任、山东省班主任培训工作专家组成员、全国基础教育科研先进个人、教育部骨干班主任远程培训辅导员；有多项科研课题获国家、省市奖励；其事迹在《中国教育报》、《现代教育导报》等多家报刊有专版介绍；现已发表文章近百篇，出版专著两部。

第二，感谢"万千教育"编辑部的大力支持。"万千教育"是专业的教育图书策划出版机构，在教育出版界颇有影响。"万千教育"创立品牌十余年来一直致力于为教师教育等领域提供优秀的图书，目前已成功策划出版图书500余种，受到了广大中小幼教师、高校师生和教育专家学者等的广泛好评。《班主任工作助手丛书》能够在这里出版，也是我们的荣幸。这也是我们精心写作的动力之一。为了把这套丛书打造成精品，"万千教育"编辑部主任吴红和他的同事们付出了很多心血和精力，奉献了很多的智慧。

班主任的三尺讲台、三尺办公桌，培养出多少叱咤风云的英才，演绎出多少催人泪下的育人诗篇；班主任从来不拘泥于三尺讲台、三尺办公桌，而是思通千载视通万里，心存天下事、胸怀大千宇宙。班主任特别有学问、特别有爱心、特别有修养、特别有心计、特别爱读书、特别爱思考、特别爱研究、特别敢创新。这套丛书不会也不可能解决所有的问题，如果能使读者举一反三、触类旁通，激起读者的思考，激发读者的创造，激励读者走上展示才华、提升水平的舞台，走上班主任专业成长的快车道，这是我们希望达到的境界。

现今，广大班主任立志做学者型的班主任、专家型的班主任。愿这套丛书助班主任专业成长一臂之力，希望这套丛书确确实实成为班主任的工作助手。

张万祥
2009年8月于天津

前 言

在我求学的过程中,初中和高中的两位班主任扮演了极为重要的角色,给我的启示尤为深刻。

我想我一辈子也忘不了这个场景:窗外北风呼啸,大雪纷飞,我们坐在教室里,焦急地等待班主任周百勤老师的英语课。身体单薄的她病了有一段时间了,前两天我们去看望过她,她瘦削的脸上眼窝深陷,可见到我们,她却先安慰我们,说自己休息几天就会好的,下周一回去上课。今天是周一,外面的雪越来越大,大家没有出去疯玩打闹。叮……上课铃响了,大家静静地望着教室紧闭的门,空气似乎都凝滞了,只有铃声异常响亮。铃声一落,只听门吱呀一声被推开,周老师穿着厚厚的棉袄,缓缓走上讲台,开始了这令人难忘的一节课。我发现有女同学一边不停地擦着眼泪,一边卖力地记着笔记……

周老师为我树立了师德的标杆,她爱岗敬业的品行和无私奉献的精神深深地扎根在我的心底。

高中一年级,李长龙老师担任我的班主任。他那时五十多岁,是我们县赫赫有名的优秀班主任。每次班会都有一个固定节目"送你一句话",第一次他送给我们的是:"上帝是公平的,你要什么,就会给你什么,只是你要付出相应的代价!"工作之后,我每接新班都会将这句话送给学生,告诉他们:要想有收获,首先得付出;不是命运不公,只是努力不够;不要害怕辛苦,苦尽方能甘来……这样一句质朴的话,却像"一颗千斤重的橄榄",越咀嚼越觉得意味无穷。李老师阅历丰富，经历坎坷，经常在班会上给我们讲他的"人生哲学"，激励我们好学上进。由于历史的原因，他出身不好，小时候经常被别的孩子骂为"地主的狗崽子"，但是他想，出身不好并不妨碍自己学习最好。最后虽然因为出身问题，他没有上大学，但经过不懈努力，他硬是从小学一直教到高中。

这真是一种高超的教育艺术，将德育的内容了无痕迹地渗透到了自己的一言一行之中，教我勤奋，给我智慧！

也许是他们对我的感召力太大，高考时我毫不犹豫地填报了河南省信阳师范学院，毕业后工作第一年就申请当班主任。在校长对我进行面试时，我说："德育工作是学校教育的半壁江山，班主任要爱岗敬业，同时要言传身教，润物无声，最好让学生在潜移默化中受到教育。"这不正是周老师和李老师给我打下的德育工作的底色吗？

工作之后，我也特别重视班主任的德育职责和班会的德育功能，我隐约地认识到教育的终极目的不是"教书"，而是"育人"，是帮助学生发现自己的心灵，进而培养一个真正的人。因此，我也会利用班会给学生讲自己的人生感受和生活体悟，挖掘并解决学生学习上的困惑和思想中的问题，启发并引导学生观察世界、思考现实。现在想来，我仍然很庆幸，因为初、高中两位班主任的典型示范，我没有将班主任的作用"矮化"成管理者，也没有将班会的功能"弱化"为班务会。当送走第一届毕业生之后，我不断听到学生说最怀念的是我的班会课，而他们进入大学之后大多具有很强的适应能力和很明确的人生追求。我也渐渐认识到"班会"影响人、塑造人的巨大作用，此后，我开始更加自觉地追求班会内涵的深刻化和班会形式的艺术化。

经过几年的德育实践，再加上一本接一本地阅读教育著作，我逐渐形成了自己的班会追求，很明确，那就是"魅力"！

有魅力的班会绝不是"批斗会"，深刻揭露，严厉批评，而是"捕捉教育时机、创设教育情景、淡化教育痕迹"。

有魅力的班会绝不是任由班主任"有话则开、无话则免"，主题随意，效率低下，而是"培育理想、塑造人格、丰富情感、启迪智慧"，主题必然丰富多彩。

  有魅力的班会绝不是"一张嘴、一支笔、一间屋、一节课",形式单调,内容乏味,而是"百花齐放、不拘一格",形式多样,异彩纷呈。

  当然,这些个人的思考和探索,我到底有没有实现,或在多大程度上真正实现,我不敢妄言,还要靠实践的检验和读者的鉴别。

  是为序。

杨兵
于2009年7月

目 录

第一章　丰富多彩的班会主题 ·· 1

　　一、位卑未敢忘忧国——爱国主义教育 ································ 2

　　二、每逢佳节倍思亲——感恩父母教育 ································ 7

　　三、莫愁前路无知己——人际关系教育 ································ 15

　　四、我辈岂是蓬蒿人——励志成功教育 ································ 20

　　五、预则立不预则废——生涯规划教育 ································ 28

　　六、努力请从今日始——学习理念教育 ································ 34

　　七、天生我材必有用——心理健康教育 ································ 39

　　八、倚门回首嗅青梅——爱情观念教育 ································ 44

第二章　行之有效的班会技巧 ·· 53

　　一、少谈大道理，多讲小故事 ··· 54

　　二、丰富、鲜活、深刻的班会素材 ······································ 60

　　三、班会随笔的德育功能 ·· 65

　　四、润物无声的德育渗透 ·· 70

　　五、巧借任课教师之力 ··· 76

　　六、幽默也是一种力量 ··· 81

　　七、道歉也是一种力量 ··· 85

　　八、现代教育技术开辟班会新天地 ······································ 91

九、利用现代通信技术实施网络德育 ················· 97
　　十、让节庆日散发德育的芬芳 ····················· 101
　　十一、班会应挖掘学生潜在需求 ··················· 104
　　十二、将世界放进班会 ··························· 110

第三章　异彩纷呈的班会形式 ························· 115
　　一、激情演讲　震撼人心 ························· 116
　　二、视频观赏　心领神会 ························· 120
　　三、自主讨论　愈辩愈明 ························· 123
　　四、节目仿制　耳目一新 ························· 127
　　五、聆听窗外　传经送宝 ························· 129

第四章　原汁原味的班会案例 ························· 133
　　一、不要像一般人一样生活 ······················· 134
　　二、让别人因我的存在而感到幸福 ················· 141
　　三、主动学习赢得学习的主动 ····················· 145
　　四、成功就是每天进步一点点 ····················· 148
　　五、做跟时间赛跑的人 ··························· 152
　　六、假如生命还有238天 ························· 156
　　七、高三，我奔跑 ······························· 163
　　八、"神奇的哥"的启示 ·························· 166
　　九、君子慎独 ··································· 172
　　十、理想是灯 ··································· 177
　　十一、冬天该做的事 ····························· 181
　　十二、一起走过的日子 ··························· 186
　　十三、我16岁了 ································ 191
　　十四、感动班级十大人物评选颁奖盛典 ············· 199
　　十五、修鞋老人的书法励志课 ····················· 206

后　记 ··· 211

第一章

丰富多彩的班会主题

导语: 班会,是打开学生心灵的那扇门,是浇灌学生情感的那场雨,是抚慰学生灵魂的那阵风,是滋养学生理想的那抔土,是联系师生的那根线,是学校德育的主阵地。如果我们的班会内容陈旧、主题随意,"学生需要的你不给,学生不要的你硬塞",那么,学生怎么可能会对班会充满期待?如果班主任把班会变成"批斗会",主题永远都是"揭露"、"批评"、"训斥",那么,这样的班会又如何能走进学生心灵,丰盈学生的精神世界呢?一直以来,我对班会的追求都是"培育理想、塑造人格、丰富情感、启迪智慧",这每一点都与精彩深刻的主题紧密相连。

一、位卑未敢忘忧国——爱国主义教育

> 热爱祖国,这是一种最纯洁、最敏锐、最高尚、最强烈、最温柔、最无情、最温存、最严酷的感情。一个真正热爱祖国的人,在各方面都是一个真正的人……
> ——苏霍姆林斯基《给儿子的信》

爱国主义是学校思想道德教育不朽的主题,它对学生精神世界的健康成长和人格信念的形成具有无可替代的重要意义。苏联著名教育家苏霍姆林斯基说:"对什么是对祖国和人民的义务这个问题理解有多深,对祖国和理想有多忠诚,决定着其道德的成熟性、思想性和自觉程度。"

中国有着深厚的爱国主义精神传统。伟大的爱国主义诗人屈原为了寻求祖国复兴之道,发出了"路漫漫其修远兮,吾将上下而求索"的宣言;《礼记·儒行》中说"苟利国家,不求富贵";曹植在《白马篇》中豪迈地宣称:"捐躯赴国难,视死忽如归";陆游在老病之时仍然"尚思为国戍轮台";文天祥面对敌人的威逼利诱,坚定地表白"臣心一片磁针石,不指南方不肯休";林则徐在列强环伺、国运维艰的时刻,发出了"苟利国家生死以,岂因祸福避趋之"的时代最强音;在新中国革命和建设的伟大历史进程中,更是涌现出了无数仁人志士。但是,在多元价值观激烈碰撞,利己主义、拜金主义沉渣泛起的今天,如何让爱国主义通过班会进入学生的心灵,变成学生坚定不移的价值取向,是所有班主任必须攻克的重大课题。传统的说教灌输已经不再适应新时期爱国主义教育的要求,对现在思维活跃、个性张扬的学生很难产生吸引力和说服力,必须创新班会的教育方式,深化爱国主义的内涵。对此,笔者有以下几点思考和实践。

1."化大为小,由实入虚"

爱国主义是一种宏大的思想命题,是一种高尚的精神境界,要让它深入学生脑海，进入学生心灵，应该以实实在在的方式从小处入手，点滴渗透。比如，可以在低年级开"了解国旗、国歌、国徽"的主题班会，让学生明白这些国家象征物的深刻内涵，每次看到时都会油然而生一种崇高感、神圣感。还可以以游戏竞赛的形式让小学生了解我国的行政区划，包括各省级区划的全称、简称、省会及在国家中的地理位置等，在学生幼小的心灵中种下珍惜和维护国家统一的种子。到了中学，可以在班会上举办"讲爱国小故事"、"爱国诗文朗诵比赛"等活动，用爱国志士的丰功伟绩感染学生，用爱国诗文的真挚情感熏陶学生。还可以组织学生观看爱国主义电影，分享心得体会，借助电影这种综合艺术的独特魅力，培育学生的爱国情感。

2."寻找机会，激发热情"

找准机会，在适当的时间进行爱国主义教育，能放大教育的效果，激发出学生更加强烈的爱国热情。

2007年9月3日是周一，下午最后一节课是班会课，而这一天是世界反法西斯战争胜利62周年纪念日。前一天，也就是9月2日，是日本签署投降书的纪念日。可是这一天学校没有举行相关的纪念活动，在校住宿与电视、网络"绝缘"的学生也无处重温这一天对中国人民和中华民族的伟大意义。我不甘心浪费这样一个大好的爱国主义教育时机。于是，给学生开了一个"铭记历史　不忘使命"的班会。我先让学生看两个视频短片：一个是1945年在美军"密苏里"号军舰上由麦克阿瑟将军主持的日本签署投降书仪式的实况录像，另一个是中国拍摄的关于"东京审判"的纪录片。然后我问大家："今天是什么日子？"遗憾的是许多学生回答不出来，只有个别很"机灵"的学生说："应该是抗战胜利纪念日吧！"我首先表扬这几个学生，接着说，我想这个日子，所有的日本人都不会忘记，但我们中国人却已经忘记了！昨天和今天我的日本同行一定会给学生谈到那场战争，但他们是如何解读的，大家从这几年来一波未平一波又起的"历史教科书事件"应该知道！面对已经对真实的历史充满无知和误解、对中国及中国人充满敌意与偏见的日本同龄人，你做何感想，你将如何接受未来可能会来自他们的挑战？

然后，我让学生们看了2004年的一篇新闻报道——《中日韩少年夏令营 韩日孩子坚强 中国孩子怕吃苦》。

据新华社呼和浩特2004年8月18日电，8月12日至17日，由中国、韩国、日本三国90名青少年组成的国际草原探险夏令营活动在内蒙古自治区科尔沁右翼中旗进行。其间中国孩子的表现令人失望。

……

正值当地遭受罕见的高温天气，整个行程十分艰苦。日本少年个个身背巨大的行囊，显然此前已经做足了准备，把野外生存条件的艰难想到了极致，当地随行的人员看到日本小孩瘦小的身体却背着与其不相称的包裹，想要帮忙，立即遭到严词拒绝，日本小孩觉得受到了侮辱。同行的中国孩子却叫苦不迭，队伍中手机铃声不断，全部都是中国孩子在向家长诉苦。活动结束时，日本、韩国的孩子对当地独特的蒙古族文化、丰富的旅游资源大加赞赏，他们说："头一次感觉到大地有这么大，原来只知道书本上说地球很大。"中国的孩子却不以为意，只盼望着早点回家。

早在1992年8月，77名日本孩子与30名中国孩子，曾经在内蒙古共同举行了一个草原探险夏令营活动。活动中充分暴露出中国孩子在生存能力方面和中国青少年教育中的诸多问题，这些问题曾一度在国内引起强烈反响，有识之士痛感于中国学生身上的诸多弱点以及中国青少年教育在培养目标与培养方式上的种种问题，曾发出过"救救教育"、"救救孩子"的大声疾呼。然而令人遗憾的是，时至今日，12年过去了，我们的教育现状并未发生脱胎换骨、今非昔比的根本改观。

看完之后我说，上文中提到的在1992年8月举办的那次夏令营活动结束后，一个日本小营员在谈自己的感受时坦言："如果十年后日中再战，中国的青年人绝对不是我们的对手！"现在"十年之约"已经超期，胜负就在这篇报道之中，不知大家对此做何感想。说到这里，我看到有些学生陷入深思，有的学生甚至有些愧疚地低下了头。最后我说：古人说"天下虽安，忘战必危"，如果我们中国真的面临战争威胁的话，诸位无疑就是冲锋陷阵、保家卫国的战士。我们今天在一起缅怀历史，不是为了激起仇恨，而是希望大家牢记使命。我们的使命是什么？——保卫祖国，建设家园，使我们的同胞远离战争的痛苦，过上幸福安定的生活。一名真正的战士既要有保卫祖国的热忱，又要有建设家园的本领。做一名真正的战士，就从铭记历史、不忘使命开始吧！

这个班会，如果不是在这个有特殊意义的日子里开的话，如果不是我发现它几乎被"集体遗忘"的话，很难震撼学生的心灵。

其实这样开展爱国主义教育的"时机"是很多的。比如，神舟七号成功发射升空并实现中国人第一次"太空行走"时，我们班用多媒体看了现场直播，当翟志刚出舱后，挥舞着国旗说"神舟七号向全国人民、向全世界人民问好！请祖国放心，我们坚决完成任务"时，教室里爆发出热烈的掌声。当学生真诚地为自己的祖国感到自豪和骄傲的时候，爱国主义的种子不是已经生根发芽了吗？今年是新中国成立60周年大庆，一定会有一系列庆祝活动，特别是盛大的阅兵仪式，学生早已翘首以盼。这都是绝佳的爱国主义教育时机，我想班主任一定不会错过，也不该错过。

3."关注世界，深化内涵"

如今的中国已经从世界舞台的边缘慢慢走到了中央，尤其是最近几年，从抗震救灾时的众志成城，到北京奥运会的成功举办，再到全球金融危机中负责任的表现，中国一直是世界关注的焦点。所以，我们现在谈爱国，不仅指建设国家、保护祖国，使祖国免受外敌侵略，还要承担维护国家形象、民族尊严和祖国统一的责任。我们进行爱国主义教育，不能不关注国际风云变幻对中国的影响，不能不提升到公民的责任与义务的高度。

比如，北京奥运会之前，圣火传递在欧洲受阻，一些西方反华势力和"藏独"分子千方百计加以阻挠破坏。同时，我们也看到海外华人和留学生为了维护祖国的尊严，自发组织起来保护圣火，与敌对势力斗智斗勇，谱写了一首首可歌可泣的爱国主义颂歌。于是，我意识到"奥运圣火传递是一次爱国主义马拉松"。在那段时间里，我经常在上课前通过文字和图片向学生通报圣火传递的最新情况，学生的情绪也随之时而愤怒时而振奋，个人情感真正与国家荣辱紧密联系在了一起。当法国巴黎出现暴徒袭击坐在轮椅上的火炬手金晶这一幕时，我们师生真的"出离愤怒"了，几天后，我们班召开了名为"圣火传递不容破坏　国家尊严岂能践踏"的主题班会。班会上我们再次回顾了这样一个场景——法国当地时间2008年4月7日中午，北京奥运火炬传递在法国巴黎开始环球传递第5站，几名"藏独"分子试图从中国火炬手金晶手中抢走火炬，干扰北京奥运圣火的传递。坐在轮椅上的金晶面对暴行，毫不畏惧，用双手紧紧抱着火炬，同时脸上流露出骄傲的神情。虽然她被威胁、被殴打，但她手中的火炬始终没有被抢走。金晶用她那柔弱的身躯捍卫了奥运精神和国家尊严。这个情景打动了全班同学。之后，我们一起观看了记者对金晶的采访，其中的几段对话让学生深受感动：

奥运官网记者：我们看到你紧紧抱着火炬时的坚定的神情，能告诉我们当时是怎么想的吗？

金晶：在传递圣火的路上这么艰难，这更体现了我们传递的价值。奥运圣火是不能在我手中丢的，火炬也是不能在我手中丢的。看到道路两旁的留学生，他们一直在喊"中国加油"，那时候我非常感动。但是，面对那些"藏独"分子时，我脸上的表情是很冷的。

奥运官网记者：当时你害怕吗？

金晶：我当时给他们一个信息，你们想从我手中抢走火炬，除非从我尸体上踏过去。

苏霍姆林斯基在《帕夫雷什中学》一书中说："通过公民榜样和精神财富受教育，也是青少年进行自我教育的有效手段。年轻的公民在了解公民勇敢精神和对祖国的义务之后，他就会学着以高度的道德行为标准来衡量自己，用社会眼光来观察自己，并能深思熟虑地、严格地分析自己的行为和品德。"通过关注很不平凡的圣火传递，尤其是金晶的英勇表现，学生的爱国热情有了更加明确的内涵，那就是"自觉维护国家尊严是每一个中国公民应尽的义务"。后来，当得知金晶被推举为"2008感动中国十大人物"之一时，我们都觉得这是顺理成章、实至名归的事情，并记住了感动中国组委会授予金晶的颁奖词——"那是光荣的一刻！她以柔弱之躯挡住残暴，她用美丽的微笑，传递力量。她让全世界读懂了奥运的神圣和中国人的骄傲"——和"大写尊严"称号的深刻内涵。

随着时代的发展和学生的变化，我们在利用班会进行爱国主义教育的时候，也要不断创新形式，深化内涵，但我们的教育宗旨绝不会改变，那就是"为祖国培养合格的建设者和可靠的接班人"。陆游说"位卑未敢忘忧国"，只要班主任教育得当，学生定能"年幼不会忘忧国"！

二、每逢佳节倍思亲——感恩父母教育

每当新生入校的时候，教育家苏霍姆林斯基总要在大门口的墙壁上挂上这样一幅大标语："要爱你的妈妈！"当有人问他"你为什么不写爱祖国、爱人民"时，他回答道："如果一个孩子连他妈妈都不爱，他还会爱别人、爱祖国吗？"中国将这种对父母的爱称之为"孝"，并对这种品德推崇备至，因为中国古人也深信：一个人，只有是"孝子"，才能成为"忠臣"。爱父母正是爱的萌芽、善的发端，是一切道德的源头。

孔子说："父母之年，不可不知也，一则以喜，一则以惧。"（《论语·里仁第四》）意思是"父母的年龄，不可以不知道。一方面为他们长寿而高兴，一方面为他们衰老而担忧"。他还说："父母在，不远游，游必有方。"（同上）意思是"父母在世，不远离家乡，如果要出远门，必须有明确的去处。"这样做不就是为了使父母免于在家担心忧虑吗？这种种看似琐碎的要求，其背后无不隐藏着对父母养育之恩的深深感激之情和强烈的报答欲望。因此，我觉得班主任要培养学生的孝心孝行，就应该从"感恩父母教育"开始。

与其他一切德育行为一致的是，进行感恩父母的教育也应该选准时机，以放大德育效果。

几年前的"两会"上曾有政协委员建议中国设立自己的"感恩节"，理由就是"别让中国现在的孩子成为不懂感谢、不愿感激、不会感动、只知索取的

冷漠一代"。时至今日，虽然愿望仍没有变成现实，但这丝毫不影响班主任利用西方的这一节日（每年11月第四个星期四）以及"母亲节"（每年5月第二个星期日）和"父亲节"（每年6月第三个星期日）来表达对父母的感激。尤其是这些节日已被民众广泛接受，且越来越受重视。每当这些节日到来时，媒体和商家都会进行有力的宣传动员，如果班主任此时通过班会开展感恩父母的教育，与社会心理和舆论氛围相配合的话，"每逢佳节倍思亲"的心理就会像发酵粉一样，让隐藏在学生心里的这种情感和品质无限膨胀，达到理想的德育效果。

在具体实施时，班主任首先要善于"营造氛围，调动情绪"。可以在班会之前或班会的过程中，利用歌曲、诗歌、散文或调查问卷，营造一种歌颂父母的氛围，从而调动学生感恩父母的情绪。此类材料不胜枚举，班主任选择空间很大，恕不一一列举。在此，我推荐两个自己在班会中使用过的效果特别好的材料。

(1) 第一个是一个图文并茂的材料，这是2001年被评为"所有时代最畅销童书"，并入选美国全国教育协会"教师们推荐的100本书"的经典绘本——《爱心树》（美国谢尔·希尔弗斯坦著）。其图画简洁传神，文字通俗精炼，现抄录如下：

从前有一棵树，它喜欢上一个男孩。男孩每天会跑到树下捡树叶，编王冠，想象自己是森林之王。男孩还常常爬树荡秋千、吃苹果，和大树玩捉迷藏。玩累了，就在树荫下睡觉。男孩爱这棵树，非常、非常爱它，树很快乐。

日子一天天过去。男孩长大了，树好孤独。

有一天，男孩来到树下，树说："爬到树上来吧！荡秋千、吃苹果，到树荫下玩一玩吧！"男孩说："我已经长大了，不爱爬树了。我想买东西，你能给我一点钱吗？"树说："把我的苹果拿去卖点吧。"他把苹果全都摘走了。树很快乐。

男孩好久都没有来，树很难过。

有一天，男孩回来了，他说："我想要一座房子保暖。我要娶妻子，生孩子。你能给我一座房子吗？"树说："森林就是我的房子。不过你可以把我的树枝砍下来去盖房子。"他砍下树枝，盖了一座房子。树很快乐。

男孩又有很长时间没有来看望树了,当他终于又回来的时候,树高兴得都说不出话来了。男孩说:"我想要一条船,带我远离这里,你能给我一条船吗?"树说:"那你就把我的树干砍了做船吧。"他把树干砍了,造了条船,开走了。树很快乐,但心里有些……

又过了很久,男孩又来了。树说:"抱歉,我没有什么可以给你了,我现在只是个老树墩。"男孩说:"我现在要的不多,只想找一个安静、可以坐着休息的地方。"树尽量挺直身子说:"那就坐在我身上吧。"

于是,男孩坐了下来,树很快乐。

这是一个温馨的故事,略带哀伤的感动,慰藉人们的心灵。作者为各个年龄段的读者创造了一个令人动容的寓言。在这个故事里,人们更多的是把树看成母爱的化身。是啊,如果不是爱,又怎能让树奉献了一切还无怨无悔呢?整本书中最让人潸然泪下的一句话,就是那句"树很快乐"——已经牺牲到了没有什么可牺牲的树,依然还是那么一句话。当看到结尾处那个已成老人的"男孩",佝偻着身子坐在树桩上,"树很快乐"那几个字又一次跳入眼帘时,又有几个人能不感动呢?

这是一本图画书,班主任可以让学生边看图边读文,欣赏之后请学生针对它的主题展开讨论,并联系实际谈谈自己的感受。

(2) 第二个材料是网上流传的一首感人至深的诗——《当嫌弃你的父母时……》。

哪天如果你看到我渐渐老去

反应慢慢迟钝

身体也渐渐不行时

请耐着性子试着了解我,理解我……

当我吃的脏兮兮

甚至已不会穿衣服时

不要嘲笑我

耐心一点儿

记得我曾经花了多少时间教你这些事吗?

如何好好地吃,好好地穿

如何面对你的生命中的第一次

当我一再重复

说着同样的事情时

请你不要打断我

听我说

小时候

我必须一遍又一遍地读着同样的故事

直到你静静地睡着

当与我交谈时

忽然不知道该说什么了

给我一些时间想想

如果我还是无能为力

不要紧张

对我而言重要的不是说话

而是能跟你在一起

当我不想洗澡时

不要羞辱我

也不要责骂我

记得小时候我曾经编出多少理由只为了哄你洗澡吗?

当我外出

找不到家的时候

请不要生气

也不要把我一个人扔在外边

慢慢带我回家

记得小时候我曾经多少次因为你迷路而焦急地找你吗?

当我神志不清

不小心砸碎饭碗的时候

请不要责骂我

记得小时候你曾经多少次将饭菜扔到地上吗?

当我的腿不听使唤时

请扶我一把

就像我当初扶着你踏出你人生的第一步

当哪天我告诉你我不想再活下去了

不要生气

总有一天你会了解

了解我已风烛残年来日可数

有一天

你会发现

即使我有许多过错

我总是尽我所能给你最好的

当我靠近你时

不要感伤、生气或埋怨

你要紧挨着我

如同当初我帮着你展开人生一样

了解我帮我

扶我一把

用爱和耐心帮我走完人生

我将用微笑和我始终不变的爱来回报你

我爱你，我的孩子！

这首诗跟前面的故事一样，可以帮助班主任将学生带入对父母无私付出和无边关爱的回忆之中，为下一个教育环节创造一个情深意厚的情境。

接下来，班主任可以"现身说法，以情唤情"。也就是班主任讲一讲自己的亲身体验，表达对父母的感激之情。这样做，既可以拉近师生的心理距离，使学生解除"正在受教育"的心理防备，以利于德育内容的深入；又可以唤醒学生同样的情感记忆，使学生产生表达的心理冲动。比如，我曾在班会上给学生讲过这样一件事：

我曾经读过一篇文章，标题和作者我都忘了，唯一记下的就是那个细节。说的是自从作者在外地工作后，很少看电视的母亲竟迷上了一个节目，那就是央视一套的"天气预报"。每天晚上7:30母亲都会雷打不动地坐在电视机前，等候着播音员播报女儿工作的那个城市的天气。不管刮风、下雨、降温还是下雪，她在8:00之前准能接到母亲的电话，嘱咐她第二天出门时带把伞，加件毛衣。

这当时就给我带来不小的感动，不过那时我还没有工作，也只是感叹一下"可怜天下父母心"而已。现在，我自己也在外地工作，感受就更深了。

记得当我告诉母亲我到济源工作时，她的第一反应是："儿啊，你怎么跑到山东工作了！"可见，没上过几天学、也不喜欢看电视的她根本就没有听到过济源，错把"济源"当"济南"了。可是，我工作之后，母亲在老家只要听说济源的任何消息，她都特别感兴趣，因为那个对她来说陌生的城市已经与她有了最密切的联系——那里有她最亲爱的儿子。

前一段时间，学校组织到山东考察，最后两天天气突变，山东半岛气温骤降。当我坐在温暖如春的空调大巴内的时候，接到了母亲的电话。开始我还有些抱怨,来之前我不是打过电话吗?就怕她在这几天给我打电话,她打长途,我接长途。电话一接通母亲就问我钱带得够不够,我有些纳闷地回答带得够。她马上说:"那你快去买一件厚衣服,山东要下雪了!"我说:"不用,来之前就穿上了。"她舒了一口气,接着又抱怨起来,说:"你们领导也真是,大冷的天儿,去什么山东,你去跟领导说一下,你先回去吧!"我听了哭笑不得,这是在工作,我怎么能提这样"无理"的要求。

挂断电话之后,我明白了母爱是无所顾忌的,有时甚至是"不讲道理"的,母亲最关心的只是自己的孩子,最担心的就是不在身边的孩子不懂得照顾自己。

这就是我的母亲,你们的母亲也一样!

说完后,教室里特别安静,我发现几个学生的脸上分明挂着晶莹的泪珠……当已经拨动学生的心弦、触动学生心里最柔软的部分时,班主任再开展德育工作就容易多了。

中央教育科学研究所的刘惊铎教授主张,在道德体验教育中,导引者要创造机会和条件诱发和唤醒体验者的道德体验。所以,在设计班会环节时,班主任还应该重视学生的体验性活动,并设计一些"亲子互动"的环节。

比如,我在一次感恩父母教育的班会上,先让学生看中央电视台"讲述"栏目的一期DV拍摄的节目——《邝丹的秘密》。节目中,邝丹在班会上给同学做了一次题目为《我的爸爸》的演讲:

我的爸爸不让我告诉别人他是干什么的,但今天在这个教室里,在这个讲台上,我要非常自豪地告诉你们:我的爸爸就是一个在街边修单车的。

我的爸爸非常尊重我。去年,有一次,我们去体育馆看表演,回来时我们一大队人,都往我爸爸修单车的方向走。当时我心里想:到爸爸跟前时,我是叫爸爸呢,还是不叫爸爸呢?我知道,爸爸他会用自己的爱维护我的自尊心,即使我不叫他,他也会理解而不会责怪我的。但当我走到爸爸身边时,爸爸正背对着我给别人补车胎,我还是情不自禁地忍不住叫了一声爸爸。爸爸闻声转过头,惊讶地瞪着眼睛望着我,向我点了点头,又转过身去修单车了。

爸爸晚上收摊回家后,对大家庭里住的人们一个劲儿地夸耀着:我们邝丹今天下午跟同学们经过我那儿叫了我了。他还特别强调：我正在给别人修车没看到她，她过来主动叫了我了。我不敢相信，我只是在同学面前叫了一声爸爸，却换来了爸爸一天的自豪与欢乐。

我爸爸最大的奢望就是能睡一次午觉。一年365天，爸爸每天凌晨4点半出门摆摊修车，从没晚于5点钟出门；晚上要8点钟，或早一点7点钟，从没早过6点回家。我问爸爸："为什么要如此辛劳？"爸爸说："为的是你能坐在这个教室里，和大家一起学习。"这就是我说我有一个引以为豪的爸爸的原因。

如果有机会，我将对我爸爸说："爸爸，你没有带我去吃过肯德基、麦当劳，没有玩过游乐场，但你带给我的，是我的同龄人所没有的精神财富和一个虽然贫穷但却欢乐的家。到时候我一定要你好好地睡一个午觉。你永远是我的好爸爸……"

节目中记录了有一次风雨大作，邝丹的爸爸摆摊的桥下面，积水涨起一尺来高，他只能蹲在车上。即使如此，他仍然继续摆摊儿，他几乎没有"缺勤"过一天，有个头疼脑热的，都是自己去药店买点药吃，一毛钱一包要吃好几天。就这样，才供着邝丹和同龄人坐在一起读书。这个雨中的镜头和邝丹的演讲，生动直观地让学生体验到了父爱的博大和坚忍。然后，我请学生讲一讲父母平凡而辛勤的工作和自己与父母的故事：什么时候上下班？工作时间长吗？父母给你讲过他们的辛苦吗？父母令你最感动或者最难忘的一件事是什么？因为有了之前的体验，这些问题就可以很轻易地打开学生记忆和情感的闸门。

此外，班主任还可以提前请家长给自己的孩子写一封信，表达自己的关爱与期待，全部寄到班主任处。在班会上一一发给学生，让他们仔细阅读，并将自己的体验和感受表达出来，班会之后再给父母回一封信，表达自己的感激与热爱。或者邀请家长参加班会，请家长讲讲养育子女的幸福与快乐、担心与忧虑，并请学生为自己的父母献花或送上贺卡，当面表达这种血浓于水的亲情。让这些平时学生习以为常、家长出于天性的美好情感，在班会这个特殊的环境下展示其动人的力量！

其实,对学生进行"感恩父母教育"也是为了培养学生的"家庭观念",让学生意识到自己是家庭的成员,也应该承担起一份家庭责任,只是现在还没有能力为家庭做太大贡献,那就付出自己的一片爱心,给父母安慰,给父母温暖。让学生明白:FAMILY(家)=Father and mother , I love you!

一位教育家曾说,一颗对母亲冷酷的心,断然谈不上任何美德。我想说,一个对父母不知感恩的人,很难拥有其他美德,就像在荒芜的沙漠不会有玫瑰盛开。班主任应该从激发学生对自己父母的感恩开始,培养他们对其他人的热爱。

三、莫愁前路无知己——人际关系教育

对中小学生而言,是否拥有良好的人际关系,是他们的校园生活能否快乐幸福的关键,更是关系着他们能否健康成长的大事。因为,那种自我封闭、孤芳自赏、不善与人交往的学生是很难享受到成长的欢乐的,他们已经在不知不觉中落下了人格缺陷和心理隐疾。

可不幸的是,在过于孤独的家庭环境和片面强调竞争的社会环境中长大的孩子,唯我独尊的意识,自私自利的心理,让他们的人际关系状况实在令人担忧。这就对中小学班主任的德育工作提出了严峻的挑战。不过,问题虽然严重,办法也不是没有。班主任要利用班会和其他班级活动培养学生的三种品质——包容精神、欣赏意识、合作理念,让学生深深地懂得:"包容是一种拯救","欣赏是一种美德","合作是一种力量"。做到这些一定可以有效改善学生的人际关系,进而打造出一个团结向上、积极健康的班集体。

1. 包容是一种拯救

我们要让学生明白包容是一种极其可贵的品质。《论语》中有这样一段孔子师徒的经典对话——"子贡问曰:有一言而可以终身行之者乎?子曰:其恕乎。己所不欲,勿施于人"。这个"恕"就是宽恕、包容,而且被认为是值得

终身奉行的为人处事的最高原则。孔子还用"己所不欲,勿施于人"8个字解释了达到"恕道"的修养途径,用今天的话来理解就是要学会"换位思考",多站在对方的角度思考问题,这样难以理解的也就可以理解了,不可接受的也就可以接受了,不能原谅的也就能够原谅了,就会少了许多无谓的争执、无端的指责和无尽的仇恨。

如果我们不包容,那么,我们只能失去朋友,给自己带来伤害。为了让学生理解这一点,可以让他们看一看这个故事:

阿拉伯传说中有两个朋友在沙漠中旅行,在旅途的某个地点他们吵架了,一个还给了另外一个一记耳光。被打的人觉得受辱,一言不发,在沙子上写下:"今天我的好朋友打了我一巴掌。"他们继续向前走,一直走到湖边,他们停了下来。被打一巴掌的那位在取水的时候差点淹死,幸好被朋友救起来。被救起后,他拿了一把小剑在湖边的石头上刻下:"今天我的朋友救了我一命。"

一旁的朋友好奇地说:"为什么我打了你以后,你要写在沙子上,而现在要刻在石头上呢?"他笑笑说:"当被朋友伤害时,要写在易忘的地方,风会负责抹去它。相反,如果被帮助,我们要把它刻在心里的深处,那里任何风都不能抹灭它。"

"宽容是一种拯救",它首先拯救的是我们自己的心灵和我们的人际关系。事实上,学着包容,还会因此赢得对方的心灵,增进彼此的情谊。

相传,清朝宰相张英邻家造房占张家三尺地基,张家人不服,修书一封到京城求宰相张英主持公道,张相爷看完书信回了一封信,内容是:千里家书只为墙,让他三尺又何妨;万里长城今犹在,不见当年秦始皇。家人收书后深感羞愧,并按相爷之意退让三尺,邻家人见相爷家人如此胸怀,亦退让三尺,遂成六尺巷,成就了一段佳话。

然而,我们也需要让学生明白,包容绝不是包庇纵容。不能因为"哥们儿义气"不讲原则,不顾是非。要杜绝在班级内形成不健康的"小帮派"和缺乏正义感的风气。莎士比亚说过"慈悲不是姑息,过恶不可纵容"。农夫救蛇被蛇咬,东郭救狼被狼吃,这是千古教训。

2. 欣赏是一种美德

美国心理学家、哲学家詹姆士精辟地指出:"人类本质中最殷切的要求是渴望被肯定。"一位作家说得好:"每一个人都渴望得到别人的欣赏,同样,每一个人也应该学会去欣赏别人。欣赏与被欣赏是一种互动的力量之源,欣赏者必具有愉悦之心、仁爱之怀、成人之美的善念;被欣赏者必产生自尊之心,奋进之力,向上之志。因此,学会欣赏应该是一种做人的美德。"

班主任要让学生明白,要拥有这种美德,必须做到以下几点:

(1)"慎于批评"。俗话说"良言一句三冬暖,恶语伤人六月寒",不恰当的批评,不理智的指责,不负责任的评论,会给对方内心造成很大的伤害,自然也会给彼此的关系带来严重影响。正确的批评要做到:"时机恰当",不让对方当众出丑;"语气委婉",不让对方感到难堪;"适可而止",当对方已经意识到自己的错误时,就不要再喋喋不休了。

(2)"善于发现"。每个人都有优点和长处,只要我们敏锐一点、坦荡一点、主动一点、就一定能够发现。我建议,班主任在班会上安排这样一个环节,给每一个学生发一张"星光卡",每张卡片上均有以下内容:

我最欣赏(　　)同学的勤奋之光,因为(　　　　　　　　)

我最欣赏(　　)同学的机智之光,因为(　　　　　　　　)

我最欣赏(　　)同学的爱心之光,因为(　　　　　　　　)

我最欣赏(　　)同学的勇敢之光,因为(　　　　　　　　)

我最欣赏(　　)同学的细致之光,因为(　　　　　　　　)

我最欣赏(　　)同学的谦和之光,因为(　　　　　　　　)

我最欣赏(　　)同学的坚忍之光,因为(　　　　　　　　)

我最欣赏(　　)同学的正直之光,因为(　　　　　　　　)

我最欣赏(　　)同学的孝心之光,因为(　　　　　　　　)

我最欣赏(　　)同学的理智之光,因为(　　　　　　　　)

让学生填上对方姓名和最具代表性的言行,培养学生善于发现别人闪光点的能力和眼光,最后贴在教室的"星光灿烂榜"上,让学生一起欣赏别人的优点和别人对自己的赞美。

(3)"勇于表达"。当优点被别人当面说出,其效应就会被放大数倍,并会被受夸奖人转化为一种自觉的行为,进而固化为一种品质。同时,这样做还能增进了解,加深感情。

我曾看到一位老师在班会上做过这样一个精彩的游戏。他准备了一个纸盒,里面装了58张(全班58人)叠好的纸条,每一张纸条上都写有一个同学的姓名。然后任选一位同学A抽出一张纸条,请该同学说出纸条上同学B的优点,再请B同学略谈心理感受,然后由B同学抽纸条,说出纸条上C同学的优点,以此类推。我们可以看看这样做之后受夸奖的同学的反应。甲同学说:"她把我说得太好了。我有点不好意思。不过,我会像她说的那样去做的。"乙同学说:"我跟他并不熟悉,他却能给我这样的评价,让我感动。"丙同学说:"我心里暖暖的,觉得同学们还是很了解我的,我所做的事情得到同学们的肯定,这让我更有信心了。"丁同学说:"很不好意思。不过,感觉到一种力量。我会努力去做到的。"……最后班会主持人说:"从我们刚才的游戏中可以得出这样的结论——欣赏别人能够给别人带来快乐和力量,所以,希望同学们以后要多多对别人说些欣赏他的话,给他信心,让他快乐。"

这是一个多么富有创意和智慧的游戏啊!打动人最好的方式就是真诚的欣赏和善意的赞许,而不是指指点点。勇于表达对别人的欣赏,确实能够激发信心,给人力量!

在此,我想到了我国台湾作家林清玄曾在一篇文章中记述过这样一件事,那是他青年时代做记者时,曾报道过一个小偷作案手法非常细腻,犯案上千起,文章的最后,他情不自禁地感叹:"像心思如此细密、手法那么灵巧、风格这样独特的小偷,做任何一行都会有成就的吧!"林清玄不曾想到,他20年前无心写的这几句话,竟影响了一个青年的一生。如今,当年的小偷已经是台湾几家羊肉炉的大老板了!在一次邂逅中,这位老板诚挚地对林清玄说:"林先生写的那篇特稿,打破了我生活中的盲点,使我想,为什么除了做小偷，我没有想过做正当事呢？"从此，他脱胎换骨，重新做人。

与欣赏意识给人温暖和展现美德相反，"冷漠"是一种很恶劣的行为。他的言行举止对你来说无关紧要，他的是非成败对你只如过眼烟云，他的热切眼神捕捉到的只是你冷漠的目光，他的急切倾诉遭遇到的只是你冷淡的回应，他艰苦付出换来的只是你冷冰的嘲讽，这是你对他最大的伤害。

所以，欣赏别人是一种友善，被人欣赏是一种福分，不会欣赏是一种缺憾。

3.合作是一种力量

任何一个时代，"合作理念"都没有像今天这样意义深远。人类基因组计划，由美、英、德、法、日、中六国横跨美、欧、亚三大洲的国际队伍完成。据说，参与"嫦娥工程"的工程技术和后勤保障单位有3000多个。单打独斗，闭门造车，在今天已很难取得大的成功。著名教育家朱永新教授说："善于合作也是心理健康和人格发展的基础。"所以，班主任要帮助学生将"合作理念"融入血液之中。

(1) 要让学生懂得"合作始于团结"。可以让学生看看这则寓言：

从前，有一位长者听到五个手指在议论：

大拇指说：我最粗，干什么事都离不开我。别的四个手指都没用。

食指说：大拇指太粗，中指太长，无名指太细，小拇指太短，他们都不行。

中指说：我的个子最高，只要我一个人就能做很多事。

无名指说：真讨厌，大家都不给我一个名字，我真不愿意和他们在一起。

小拇指说：他们长得那么长、那么粗，有什么用？我是小而灵，我的作用最大。

长者听了他们的对话，语重心长地对他们说："你们都说自己最有用，那么我就请你们来比一比，看看到底谁的作用大。"于是，这位长者拿出两只碗，其中一只里面放了一些小豆子，要求五个手指分别把这些小豆子拿到另一只碗里。结果可想而知，没有一个手指能单独完成这件事。

（2）通过游戏让学生理解"合作成于分工"。比如，将九个同学分成三组，每一组的三个人中，一个双眼被蒙上，一个双手被绑上，而另一个双脚被捆上。然后给每组两个球，要求以最快的速度将球从操场的一端搬到另一端，且一次只能搬一个球。最后，用时最短且球未落地者获胜。这个游戏正是为了考验学生分工合作的意识和能力，一个人是根本不可能取得胜利的。最好的办法是双脚被捆的学生将球稳稳地交给双眼被蒙的学生，然后双眼被蒙的学生在双手被绑的学生的引导下快速将球运到目的地。最后，班主任可以请学生以自己的亲身经历谈谈"合作最重要的是什么"，我想学生不难得出这样的结论：分工明确，相互配合。

美国著名企业家、教育家卡耐基先生说："一个人事业上的成功，只有15%是由于他的专业技术，另外的85%要依赖人际关系、处世技巧。"在生活和学习中，如果我们的学生能够"多一点包容，少一点挑剔；多一点欣赏，少一点冷漠，多一点合作，少一点纷争"，就一定能够拥有良好的人际关系，不仅能"莫愁前路无知己"，最终还会获得生活的幸福、事业的成功。

四、我辈岂是蓬蒿人——励志成功教育

每一位班主任都会对学生进行激励，但激励不等于励志教育，两者之间的差别在于：激励是一时的而励志教育是持续的，激励是随意的而励志教育是系统的，激励让人冲动而励志教育给人理智，最重要的是，激励产生动力而励志教育还能孕育希望。北京市十一学校校长李希贵老师提出，学校的管理者要"做希望的经销商"。作为班级的管理者，班主任同样要"做学生希望的经销商"，让学生从你那里获得对成功的希望，并相信自己一定能够成功。要做到这一点，班主任需要利用班会进行持续的系统的励志教育。

1. 励志歌曲振奋人

中国历来重视音乐对人的影响，甚至有"乐教"一说。孔子传授弟子的

"六艺"（礼、乐、射、御、书、数）中，欣赏和演奏音乐仅次于被奉若圭臬的"礼"。孟子也说"仁言不如仁声之入人深也"（《孟子·尽心上》），意思是说音乐对人的感染力大于说教。那么，我们为什么不能继承这一教育传统，利用励志歌曲来感染学生呢？

也许会有人说，学生现在都听些什么歌，简直就是"靡靡之音"，哪里有振奋人心的作用！话可不能这么说，学生喜欢的流行歌曲可并不都是这样，流行乐坛风格多样，格调高低不同，但并不缺乏旋律优美动人、歌词积极向上的歌曲。我在班会课上几乎每次都会先和学生一起唱一首励志歌曲，调动情绪，营造氛围。而且，不是随随便便拿来就用，是要精心挑选的。比如，班会是关于信心的，我们就唱零点乐队的《相信自己》；班会是关于立志的，就唱成龙的《真心英雄》或《壮志在我胸》；班会是关于认识自我价值的，就唱周华健的《我是明星》或刘德华的《Everyone is NO.1》；班会是关于爱国奉献的，就唱成龙、周华健合唱的《少年强》；班会是为了安慰挫折之后的心灵的，我们就唱成龙、王力宏、韩红等合唱的《站起来》，也可以用范玮琪的《最初的梦想》来提醒大家不要丢掉自己的"梦想"。下面，我们可以看看《最初的梦想》的歌词：

如果骄傲没被现实大海冷冷拍下

又怎会懂得要多努力

才走得到远方

如果梦想不曾坠落悬崖千钧一发

又怎会晓得执着的人

有隐形翅膀

把眼泪装在心上

会开出勇敢的花

可以在疲惫的时光

闭上眼睛闻到一种芬芳

就像好好睡了一夜直到天亮

又能边走着边哼着歌

用轻快的步伐

沮丧时总会明显感到孤独的重量

多渴望懂得的人给些温暖借个肩膀

很高兴一路上我们的默契那么长

穿过风又绕个弯心还连着

像往常一样

最初的梦想紧握在手上

最想要去的地方

怎么能在半路就返航

最初的梦想绝对会到达

实现了真的渴望

才能够算到过了天堂

歌词中所表达的对艰难现实的清醒思考和对心中梦想的执着追求,不正是班主任们希望学生具备的素质吗?如果能通过歌唱将这些理念深入人心的话,德育工作不就成功了吗?

2. 励志人物引领人

苏霍姆林斯基有过精辟的论述,他说:"没有足以使儿童、少年和青年感动、钦佩、赞美、受鼓舞的榜样和理想,就不能想象有自我认识和自我肯定。受榜样的鼓舞、对榜样的钦佩,可以使人奋发向上,唤起对自身的思考,看到自己的优缺点。学生便会开始自觉地考验自己的意志和精神力量,犹如在检验自己。"(《帕夫雷什中学》)确实,榜样的经历、言行、精神可以给学生前进的力量、奋斗的勇气、追求的激情和生命的活力。如果班主任能有意识地在班会上引导学生树立心目中的榜样,那么,这种德育效果比苦口婆心的忠告、提醒要好得多。

有一年,我在第一次模拟考试之后,为了帮助进步学生树立新的目标,使成绩不佳的学生重拾信心,开了一次主题为"只有不可能是不可能的"的班会。先让学生观看著名演讲大师约翰·库缇斯的宣传片，片中展示了没有双腿的他如何用双手自如地行走、游泳、举重、打球，这让学生惊叹不已！他在镜头前说："不管你觉得自己是多么的不幸，世界上永远还有人比你更加不幸；不管你觉得自己是多么了不起，这个世界上永远还有人比你更加强大。如果我可以做到，那么你也可以做到！请记住别对自己说不可能。"这给学生带来了不小的震撼！然后我说："没有双腿不借助假肢和轮椅能走路吗？你会说不可能，但库缇斯做到了；没有双腿能成为网球和举重冠军吗？你会说不可能，但库缇斯做到了。他的成功就是'别对自己说不可能'最生动的写照！"最后我说："如果约翰·库缇斯能成功，那么你们有什么理由对自己说'不可能'呢？请记住'只有不可能是不可能的'，除此之外，'一切皆有可能'！"这次班会激发了学生的热情，鼓舞了学生的斗志，使我们班始终保持着良好的学习状态！

当有些学生进入高中将英语学习视为畏途的时候，我给他们介绍了这样一个人物：张立勇，清华大学厨师，因家中贫困高中辍学，后坚持自学英语，不仅通过了国家英语四、六级考试，还创造了2001年托福考试630分的传奇，被清华大学学生称为"馒头神"，网民则奉之为"清华神厨"。目前，他已获得北京大学本科文凭并担任某网络教育网站CEO。介绍完之后，我给学生读了张立勇写的一篇文章《一个厨师的英语成功之路》。文中有这样两段话：

有人对英语考试有一种恐惧和厌恶的情绪，我感到很不理解。我想，这可能是他们对英语学习的兴趣不够。有一句名言说：兴趣是人生最好的老师。我对这句话体验很深刻。我觉得只有对英语产生浓厚的兴趣，才能养成良好的学习习惯。古人说，不待扬鞭自奋蹄，就是对良好习惯的极为恰当的诠释。当某种爱好成为习惯的时候，我们就会感觉它像吃饭喝水一样自然，从而变成我们生命中不可或缺的东西。

……我常常想，上帝会爱每一个人的，它会用不同的方式对你所付出的艰辛和努力给予补偿。但是，上帝只钟爱那些自助的人。如果你不努力，你不拼搏，所有的机会都会和你失之交臂。如果在这十年之中，我放弃了对人生理想和人生价值的追求，那么，当这一切机遇到来的时候，我又怎么可能把握住呢？

张立勇对英语学习的准确认识，对拼搏意义的深刻思考，尤其是他通过努力取得的骄人成绩，最后都化成学生克服困难学好英语的精神动力。

请记住这句话："用名人的事例激励孩子，胜过一切教育。"（培根）

3. 励志故事激励人

班主任应该善于讲故事，一是学生喜欢听，二是好的故事大都蕴含着人生的智慧和美丽的情感。为了实现对学生的有效激励，班主任尤其要多讲励志故事。

有一回全市统考，我们班考得不理想，部分学生很受打击。想想之前一直很不错的成绩，我也有些沮丧。我想到了这样一个故事，于是在班会上兴致盎然地给学生讲了起来：

1954年，巴西的男女老少几乎一致认为，巴西足球队定能荣获世界杯冠军。然而，在半决赛时，巴西队意外地输给了法国队，没能将那个金灿灿的奖杯带回。球员们比任何人都更明白，足球是巴西的国魂，他们懊悔至极，感到无脸去见家乡父老，他们知道，球迷们的辱骂、嘲笑和扔汽水瓶子是难以避免的。

当飞机进入巴西领空，球员们更加心神不安，如坐针毡。可是，当飞机降落在首都机场时，映入他们眼帘的却是另一种景象：巴西总统和两万多名球迷默默地站在机场。人群中有两条横幅格外醒目："失败了也要昂首挺胸！""这也会过去！"球员们顿时泪流满面，总统和球迷们都没有讲话，目送球员离开机场。

球员们对"失败了也要昂首挺胸"的理解是比较深透的，可对"这也会过去"的理解却不够深透……

4年后，巴西足球队不负众望赢得了世界杯冠军。回国时，专机一进入国境，16架喷气式战斗机立即为之护航。当飞机降落时，聚集在此的欢迎者多达3万人。在从机场到首都广场将近20公里的道路两旁，自动聚集起来的人群超过了100万。这是多么激动人心的场面啊！人群中也有两条横幅格外醒目："胜利了更要勇往直前！""这也会过去！"

球员们对前一句很容易理解，对"这也会过去"的理解依然朦朦胧胧……

之后，队长一直向人请教该怎样理解那句话的含义。真是无巧不成书，一位老者微笑着说：两条"这也会过去"的横幅都是他写的，他给队长讲了下面的故事：

一位智者在梦里告诉所罗门王一句至理名言，这句至理名言涵盖了人类的所有智慧，能使他得意的时候不会趾高气扬，忘乎所以；失意的时候能够百折不挠，奋发图强，始终保持勤勤恳恳、兢兢业业的状态。但是，所罗门王醒来之后却怎么也想不起来。于是，他找来了最有智慧的几位老臣，向他们讲了那个梦，要求他们把那句至理名言想出来，并拿出一枚大钻戒，说："如果想出来，就把它镌刻在戒面上，我要把这枚戒指天天带在手指上。"一个星期过后，几位老臣兴奋地前来送还钻戒，戒面上已刻上了一句勉励人胜不骄、败不馁的至理名言："这也会过去！"

这个故事激励了学生和我自己，终于，我们迎来了下一次考试的胜利……

4. 励志书籍熏陶人

新教育实验倡导"共读共写共同生活"，师生可以通过共读获得共同的精神资源和语言密码，这对建设和谐班级有巨大作用。作为班主任，在进行励志成功教育的时候，也要跟学生一起读励志书籍。通过共读和互相交流，达到彼此激励、熏陶精神品质的效果。

我经常跟学生共读的励志书有两本：一本是《世界上最伟大的推销员》（奥格·曼狄诺著）；另一本是《谁动了我的奶酪》（斯宾塞·约翰逊著）。

第一本书教会我们如何以一种健康、乐观、坚强的心态面对自己，创造生活，赢得成功。在用了一个月时间听完两遍诵读（一遍中文，一遍英文）并齐读一遍之后，我和学生一起将"羊皮卷"里的精髓打磨成班级的誓词，每天课前宣誓时大声地喊出来：

今天又是新的一天，

我会全心投入，坚持不懈；

我要控制情绪，笑遍世界。

我是自然界最伟大的奇迹，

我会重视自我，实现价值；

我要立即行动，直到成功。

加油，理一班；

加油，某某某（每次一个学生的姓名）！

这本书，这段誓词，给学生最大的益处就是他们从此有了一个良好的心态，因此我称之为"心态读本"。

第二本书正如该书序言中引用的那段话所说，它教会我们的是如何面对多变的人生，如何在多变如"迷宫"的人生中灵活而又坚定地追求自己的目标。学生不约而同地都将那段话背诵下来：

再完美的计划也时常遭遇不测，

生活并不是笔直通畅的走廊，

让我们轻松自在地在其中旅行。

生活是一座迷宫，

我们必须从中找到自己的出路，

我们时常会陷入迷茫，

在死胡同中搜寻。

但如果我们始终深信不疑，

有扇门就会向我们打开，

它也许不是我们曾经想到的那一扇门，

但我们最终将会发现，

它是一扇有益之门。

对于这本书，这段话，学生们共同的收获是理解了生活中处处有变化，时时会变化，重要的是我们如何积极主动地适应它进而把握它，这才是人生的真谛。因此，我称之为"人生读本"。

5. 励志演讲鼓舞人

(1) 班主任要训练口才，增强语言的感染力，能在需要的时候给学生奉献一场充满激情的演讲，这对自己的德育工作非常有好处。不过，关于这一点我会在第三章专门论述，在此不多说。

(2) 班主任还应注意训练学生的口才，给学生创造机会展示他们的演讲才能，让学生互相感受鼓舞。我们班每天早上第一节课前都会有一个学生面对全班同学，进行三分钟演讲。下面是我复读班的一个学生的演讲——《要上值得上的大学》：

美国著名黑人心理医生基恩博士常常和病人讲起自己小时候因一句话而改变一生的故事。

一天，基恩在公园玩，看见几个白人小孩围着一个卖氢气球的老人，每人买了一个，然后兴高采烈地追逐着放飞的气球跑开了。等白人小孩的身影消失后，基恩才怯生生地恳求："您能卖给我一个气球吗？""当然可以！"老人慈祥地打量了他一下，温和地说，"你想要什么颜色的？"基恩鼓起勇气说："我要一个黑色的，因为我是黑人，我不能玩其他颜色的气球。"

脸上写满沧桑的老人惊诧地看了看这个黑人小孩，立即递给他一个气球。基恩接过来手一松，气球随着微风冉冉升起。

老人一边欣赏气球升空，一边用手轻轻拍着基恩的肩膀说："记住，孩子，气球能升空，不是因为它的颜色，而是因为气球内充满了氢气。同样，一个人的成败，也不是因为他的肤色、种族和出身，关键是这个人有没有信心。"

在高考补习这样的特殊时期，自信似乎显得尤为重要，它决定的不仅仅是学习的高度，而且是实力之外最有爆发力的上升空间。

在这段时间，我们也许会很累，会感到筋骨酥软，力不从心。不过，也许这只是我一个人的感觉，最近有的时候，我甚至觉得累得只拿得动笔，走不动路了，那时候只想回家享受老妈的呵护关爱，后来才知道那不过是自己感冒发烧了。然后我告诉自己累就累吧，烧就烧吧，只要每天有该有的收获，保持一点自信支撑自己坚定地走下去。走过了，你会重新获得活力与激情，当然还有额外的喜悦。

同学们，我们绝不能因为苦因为累就改变最初的梦想，尘埃落定以前一切都没有注定，我们绝不可屈身低就，要上就上值得上的大学!

这些来自学生的心声，往往有着班主任演讲所达不到的德育效果!

(3) 班主任还可以利用班会让学生观看名人演讲，或给学生诵读他们的演讲。比如，我曾让学生观看奥巴马2008年11月4日晚在芝加哥格兰特公园宣布胜选的演讲，让他们亲眼见证一个崭新的"美国梦"冉冉升起，感受激起全美国共鸣的"Yes, we can"所蕴含的自信、坚定和骄傲。我也曾给学生读过新东方董事长兼总裁俞敏洪在2008年北大开学典礼上的演讲和徐小平的《我也有一个功夫熊猫的梦》，让学生领略这些有着大智慧和大成就的人的人生感悟和精神境界。

人是很容易懈怠、满足、停滞的，而班主任在班会上，通过不同方式对学生进行及时有效的励志教育，多种渠道形成合力，就可以让学生在懈怠时振奋精神，满足时开始新的追求，停滞时重新上路，直至获得最后的成功!让"我辈岂是蓬蒿人"，由憧憬变为现实!

五、预则立不预则废——生涯规划教育

几年前我教第一届学生的时候，遇到两个学生，他们的情况深深触动了我。

第一个是一个女生，以高分考入我校，高一时语文、外语、政治、历史学得非常好，这使她的成绩能够在班级处于前列。高二文理分科时，看班里大多数学生选了理科，她也"随了大流"。可是一开学，学习环境、课程设置和课时安排与高一大相径庭，她难以适应。随着数理化教学的深入，她的劣势渐渐凸显，再也不能占据班级的领先地位，自信心备受打击，学习兴趣和动力渐失，上课睡觉，还找各种借口请假，到最后竟然常常"不辞而别"。我了

解情况之后，几次动员她和她的父母让她转到文科班，可是他们竟然拒绝，理由是"大学理科招的人多，也好就业"，就这样"耗"到高考，结果该女生连专科都没考上。让人痛心！

第二个是一个男生，高考之后填报志愿，和父母一起来找我，希望给他"参谋参谋"。我问他想学什么专业，他说不知道。我又问他以后想从事什么工作，他说还没想过。我接着问有没有自己中意的大学，他说只要能上就行。我无奈地问家长的意见，家长说自己也不懂，反过来问我"您看孩子能上什么"，我也只能说"不知道"。让人悲哀！

这两个例子让我真切地认识到部分学生对学业和职业的迷惘，在他们的脑海里，学习的唯一目的就是上大学，至于上什么大学、学什么专业、将来从事什么职业统统不加考虑，对自我兴趣、个性和潜质不了解。古人云："凡事预则立，不预则废。"我想这两个学生绝不是个案，所以在中学阶段，尤其是高中阶段开始职业生涯规划教育势在必行。

职业生涯规划简称生涯规划，又叫职业生涯设计，是指个人与组织相结合，在对一个人职业生涯的主客观条件进行测定、分析、总结的基础上，对个人的兴趣、爱好、能力、特点进行综合分析与权衡，结合时代特点，根据个人的职业倾向，确定其最佳的职业奋斗目标，并为实现这一目标做出行之有效的安排。

职业生涯规划的目的绝不仅是帮助个人按照自己的资历条件找到一份合适的工作，实现个人目标，更重要的是帮助个人真正了解自己，为自己定下事业大计，筹划未来，根据主客观条件设计出合理且可行的职业生涯发展方向。

职业生涯规划一般分为短期规划、中期规划和长期规划。短期规划为三年以内的规划，主要是确定近期目标，规划近期完成的任务。中期规划一般为三至五年，在近期目标的基础上设计中期目标。长期规划时间是五年至十年，主要设定长远目标。根据高中学校教育的特点和学生的需要，我觉得班主任帮助学生制订短期规划比较可行，而这个短期规划可以分为三个阶段：高一年级帮助新生规划高中三年的学习生活，明确各阶段学习特点和发展目标，做好文理分科指导工作；高二年级对学生进行初步的职业生涯规划教育,通过测试、观察和交流,帮助学生了解自己的职业倾向,并开始收集相关的信息,如大学专业信息、学科学习信息、就业方向信息等;高三年级生涯规划则与志愿填报、大学专业等升学指导紧密结合,根据学生的兴趣爱好和学习能力来选择专业和大学。

在此期间,班主任要让学生掌握确定职业生涯发展方向应当遵循的原则:择己所爱、择己所能和择世所需(见南京师范大学华伟老师《职业生涯规划:高中班主任的新任务》一文,发表于《班主任之友》"中学版"2009年第4期)。

(1) 择己所爱。从事一项自己感兴趣和觉得有价值的工作,本身就能给人满足感,职业生涯会因此变得趣味无穷。职业或者专业的选择,需要重点考虑的一点就是主体自身的偏好。对于自己喜欢的东西,人们都会心甘情愿、不遗余力地去追求,高中生在进行职业规划时也是如此。所以,班主任要引导学生兴趣盎然地考虑这些问题:我想从事什么职业?哪些职业是我喜欢的?从事哪些职业我会非常开心?这就是让学生确定自己对职业的喜好,即兴趣。

(2) 择己所能。如果说择己所爱是充满情感的畅想的话,那么择己所能就要靠理性来把握了。仅凭兴趣选择工作是不理性的,感兴趣的事情并不代表有能力去做。班主任需要引导学生理性地评价自己,即明白自己能干什么。每个高中生在填报志愿时都要对自己有充分的了解,既尊重自己的喜好,又能实事求是地做出恰当的选择。班主任可以引导学生思考诸如此类的问题:为什么有人喜欢做教师,有人喜欢做建筑师?为什么有人擅长具体的操作,有人擅长当领导?为什么有人做起事来雷厉风行,有人则慢条斯理?这就涉及需要、兴趣、价值观、气质、性格、智力、情绪和意志等诸多方面的个体差异分析。霍兰德职业倾向测验就是一个成熟的工具,可以帮助学生发现和确定自己的职业兴趣和职业能力。

(3) 择世所需。在对自己"想干什么"和"能干什么"的问题有了较为明晰的认识后,还要考虑社会的需求和未来发展前景,也就是了解社会"允许"我干什么、"能让"我干什么,这也是职业选择是否成功的基本保证。未来社会变迁的速度将越来越快,社会所需要的职业也会随之变化,虽然我们无法预测未来的职业市场，但在此时要形成一种观念，即作为一个准职业人，要随时关注社会变迁的大环境，不怕变化，关注市场，审时度势，灵活应对。

但是，班主任毕竟不是职业生涯规划师，我们在利用班会进行生涯规划教育的时候，要与德育工作结合在一起。我认为，从本质上来讲，中学阶段开展生涯规划教育也是德育的一部分。所以，班主任要有明确的德育目标。我的做法是利用各行各业成功人士的职业生涯规划特征和经历，对学生进行德育渗透，使学生明白无论从事任何职业、选择任何人生轨迹都应具备的几种品质。

1. 定位准确，专注其中

我用著名歌手周杰伦的职业成功经历来说明这一点。

有人曾这样评价周杰伦——"这个有点沉默、家世平平的歌手，用他的音乐席卷了整个华语地区，成为流行乐坛巨星。他的音乐风格灵动，开拓了流行音乐新领域，他在流行乐坛引领了'中国风'，甚至在某种程度上带动了中国古典文学的复兴"。综观他的职业历程，无论是在职业培养期（幼年到高中毕业），还是在职业适应期（餐厅打工期间在大堂演奏钢琴），甚至是在职业发展期（担任音乐制作助理不断努力创作），周杰伦始终将自己的人生方向定位在音乐创作和表演上。

面对极差的文化课成绩，他选择了专注自己的天赋，没有被"大而全"的教育模式平庸化，毅然报考台湾省台北县淡江中学音乐班。高中毕业之后，音乐之路困难重重，无奈的周杰伦几次碰壁以后，选择了在一个餐厅做侍应生。即使是这样，周杰伦也没有离开自己的音乐世界，他带着一个随身听，一边工作一边听歌。机会终于来了。老板为了提高餐厅档次，决定在大堂放一架钢琴，但连续尝试了几个琴师都不满意。周杰伦在空闲的时候偷偷地试了试，他的琴声震惊了不少同事，包括他的老板。老板拍着周杰伦的后背说：你可以在这两个小时不用干活了。一个偶然的机会，周杰伦进入台湾娱乐天王吴宗宪的唱片公司作音乐制作助理。在负责唱片公司所有人的盒饭之余，周杰伦在那间7平方米的隔音间里开始了自己的创作生涯。半年下来，他写出来的歌倒不少，但曲风奇怪，没有一个歌手愿意接受。1999年的一天，吴宗宪把他叫到房间说，如果你可以在10天之内拿出50首新歌，我就从里面挑出10首，做成专辑——既然没有人喜欢唱你的歌，你就自己唱吧。10天之后，周杰伦安安静静地拿出50首歌，于是就有了周杰伦一举成名的专辑《JAY》。从这张专辑开始，周杰伦一发而不可收，直至今天的巨大成功。

如果他在其间的任何一个阶段，偏离了自己的人生定位，之前的一切努力都会付诸东流。

2. 坚持梦想，拒绝平庸

我用艺人王宝强的职业成功经历来说明这一点。

著名职业生涯规划师古典在评价王宝强的职业生涯时说："在人生中每一个能通往安逸的岔路口，他坚持告诉自己，我的目标是电影。"5岁的时候，《少林寺》的热播点燃了王宝强的梦想火焰，他梦想自己有一天能在电视里出现，让所有的乡亲羡慕，让自己的父母骄傲。8岁的时候，王宝强坐上火车，启程去少林寺习武。6年后，武术练得差不多了，他还是没能拍上电影。他清楚自己练武是为了什么，于是，他来到北京加入了北漂大军——一个普通人想演电影，唯一的方法可能就是在北京电影制片厂门口蹲着。王宝强一蹲就是两年。这两年里，为了生活，他决定去工地拉砖。在空闲的时候，他会练习自己的签名，他没有忘记，自己拉砖的目的是为拍电影。当他在住处墙上报纸的空白处歪歪扭扭地签下"王宝强"三个字时，被同屋的人看到，一个个都乐喷了："看啊，宝强在练签名呢。"从此，他成了大家的笑料。可是，他却并没有改变，依然在空闲的时间练习写自己的名字。他说："我想，我需要记住我是谁，我也需要提醒自己，来北京的目标是什么。"坚持的结果是让王宝强遇到了《盲井》，这让他一夜之间从无名之徒变成金马奖最佳新人。之后，接踵而至的就是《天下无贼》、《士兵突击》、《集结号》。

带着电影梦去少林寺学武的人不少，但是学成以后，有人去当了保镖，有人留下来当了武术教练。依然带着电影梦离开，去了北京电影制片厂门口蹲着的人，只有王宝强一个。在北京电影制片厂门口，今天还蹲着许多人。有人坚持，也有人离开；有人拉砖，也有人经商。在人生的岔路口，有多少人在深情顾盼自己的梦想以后，转身走向另一条更加舒服的道路？但是，王宝强一直在坚持他的电影梦。这个梦也终于在他的坚持下开出鲜花，结下硕果！

3. 规划清晰，步步为营

我用施瓦辛格的职业成功经历来说明这一点。

出生于1947年的施瓦辛格，早在10岁时，他就有三个梦想：世界上最强壮的人、电影明星、成功的商人。通过自己的艰苦努力和奋斗，今天，他把自己的三个梦想早就全部还原为活生生的现实了。

自18岁获得欧洲健美冠军以后，施瓦辛格怀揣20美元到好莱坞闯荡天下，意图做个电影明星。演员生涯的成功，为他成功进军商业打下了坚实的基础。通过他在威斯康星大学攻读的商业和经济学，他快速成为拥有20亿美元身价的亿万富翁。他娶了个很有背景的老婆，据说是肯尼迪家族的后裔，对他进军政坛有极大的帮助。最终，施瓦辛格如愿以偿当上美国加利福尼亚州州长。从一个瘦弱的奥地利小男孩成长为健美冠军、电影明星、亿万富翁，直至一个政治家，施瓦辛格一步一步实现着自己的梦想，一步一步把自己的职业生涯规划变为现实。

对于一个处于人生起步阶段的年轻人来说，任何梦想都不会是幻想，只要你对自己的人生有着清晰的规划，并一步一个脚印地走下去，"一切皆有可能"。

在我的引导下，我今年毕业班的学生很早就瞄准了自己钟情的大学和理想的专业，并查到该校该专业三年来在河南省的录取分数线，以及超过当年一类本科或二类本科多少分数，还明确了自己每一学科需要达到多少分数才能拿到那一张通往大学的"门票"。这给了他们清晰的奋斗目标和巨大的学习动力。

通过开展职业生涯规划教育，尤其是在此类教育中不断地进行德育渗透的做法，让学生深刻理解了歌德的一句名言："仅有知识是不够的，我们必须应用；仅有愿望也是不够的，我们必须行动。"也就是说，仅有思考，理想不会变成现实;仅有期待,美梦不会成真;仅有幻想,目标也只能是泡影;只有付诸行动,一切才会真实而明确地展现在你的眼前。

六、努力请从今日始——学习理念教育

班会还应当具有的一个重要的功能就是"学法指导"。我认为学习方法有千千万万种,但要因人而异,班主任在班会上既不可能讲全,也不可能要求所有的学生都按着你说的去做。那么,班会的这一功能如何体现呢?我的做法是侧重于学习理念的教育,通过系列班会,使学生确立可以受益终生的学习理念,以此来改善学生的学习状态和学习习惯。

1. 勤奋比天才更重要

我给每届学生上的第一次学法指导班会课一般会向学生阐明这个理念,并用到以下材料:"鹰和蜗牛都是能登上金字塔顶的生物。不管是天资奇佳的鹰,还是资质平庸的蜗牛,能登上塔尖,极目远望,俯视万里,都离不开两个字——勤奋。"

一个人的成才,环境、机遇、天赋、常识等外部因素固然重要,但更重要的是勤奋与努力。缺少勤奋的精神,哪怕是天资奇佳的雄鹰也只能空振双翅;有了勤奋的精神,哪怕是行动迟缓的蜗牛也能雄踞塔顶。事业上的成功不单靠能力和智慧,更要靠勤奋。

丘吉尔在二战期间一天工作16个小时,周恩来总理在大多数情况下每天只有4个小时的睡眠时间。英国首相撒切尔夫人具有过人的精力,她很少度假,每天睡眠不超过5个小时。

天道酬勤,命运总是掌握在那些勤勤恳恳工作的人手中。人类历史表明,伟大的成就通常是由平凡的人经过努力取得的。生活总能给勤奋的人提供足够的机会和不断进步的空间。

任何人都要经过不懈努力才能有所收获,收获的成果取决于这个人努力

的程度。如果你很聪明，你就应该为聪明插上勤奋的翅膀，这样你才能飞得更高更远；如果你还不够聪明，你就更应该勤奋，因为勤能补拙。最终成功的人，不一定是最聪明的人，但一定是最勤奋的人。

我还会问学生这样一个问题：上大学，靠的是什么？在许多人看来似乎是一个不需要思考就能回答的问题。但是，什么样的学生能上北大呢？我会用一个调查来解答。北京大学社会调查研究中心对500多名北京大学本科生的调查表明，自己的用功、勤奋排在第一位，25.7%的同学将他们考上北大的首要因素归为这一项。原来这些被视为高不可攀的"北大学子"，他们也是通过踏踏实实、勤勤恳恳的努力，才得到在未名湖畔博雅塔下学习的机会。

2. 成功就是每天进步一点点

成功是由一个个小小的目标达成，一次次小小的进步累积而成。成功是由无数个点组成的完整的生命历程，成功就是每天进步一点点。一个人要有伟大的成就，必须天天有些小成就，因为大成就是由小成就不断累积的结果。假如你现在还没有成功的话，那一定是你在努力的过程中还没有成功。只要你的每一个过程都是成功的，结果必定成功。

成功就是简单的事情得重复去做。每天进步一点点是简单的。之所以有人不成功，不是他做不到，而是他不愿意做这些简单而重复的事情。因为越简单越容易的事情，人们也越容易不去做它。

竞争对手常常不是我们打败的，是他们自己忘了每天进步一点点。成功者不是比我们更聪明，而是他比我们每天多进步了一点点。

在此，我向学生介绍他们的一位已考上大学的"师兄"的经历。

高三那年，他随父母进城，从乡中学转到市一中就读。环境变了，学习也跟不上了。第一次摸底测验，他的得分只能为全班垫底。眼看考大学无望，他开始破罐子破摔，频繁地迟到旷课。

那天早上，他又一次迟到了。他站在教室门口喊"报告"，班主任仿佛没听见没看见一样。他倔强地站到下课，然后被带到教师办公室。大不了挨批，他想。出乎意料的是，班主任竟面带微笑、和蔼地说："我们来做一道算术题吧？"

他愣住了，不知班主任葫芦里究竟卖的是什么药。

班主任轻声地问："如果我没记错的话，你这次摸底考试总分是345分吧？"他顿了一会又说，"从现在算起，离高考还有300天，如果你肯努力，每天进步0.5分的话，那么你想想，到明年高考时，你的总分将有多少？每天进步0.5分，不多，你应该能够做到！"

听完这一席话，他的心受到一种强烈的震撼，麻木的神经开始复苏。

从那天起，他把"不怕慢、只怕站"和"每天进步一点点"两句话，写在日记本的扉页上，激励自己不要懈怠。

一年后的高考，他以全市第一的成绩，考上了一所全国重点大学。

每天进步一点点，听起来好像没有冲天的气魄，没有诱人的硕果，没有轰动的声势，可细细琢磨一下：每天——进步——一点点，那简直是在默默地创造一个料想不到的奇迹，在不动声色中酝酿一个真实感人的神话。

进步就是在向前走，就是今天比昨天强，就是对现状有所突破，就是在用一种崭新代替一种陈旧，而且是每天都如此。

不要小看这"一点点"。灵感，就那么一点点，便使你于混沌中豁然开朗；智慧，就那么一点点，便使你于危机中有了转机；勇气，就那么一点点，便使你于怯懦中增长了干劲。

(1) 做与时间赛跑的人。首先我会给学生讲教育家班杰明"一分钟的改变"的故事。他用一分钟将一片狼藉的房间整理得井井有条，以此来告诉一位渴望成功的年轻人："一分钟可以做很多事情，一个人只要把握生命的每一分钟，就能开创美好的一生。"然后用一篇小文章来告诉学生一分钟到底意味着什么。

请珍惜每一分钟

一分钟，可以用来微笑，对他人、对自己、对生活微笑。

一分钟，可以用来看路，观赏美丽的花朵，感受湿润的草地，或者欣赏清澈透明的流水。

一分钟，可以用来静静地倾听，或者歌唱。

一分钟，可以紧紧握住他人的手，赢得一个新朋友。

一分钟，可以感受肩负的责任，等待的焦虑，犹豫的悲哀，失望的无奈，孤独的凄凉，失败的痛苦，胜利的欢乐……

一分钟可以用来了鼓励一个人或使之气馁，一分钟足以让人选择重新生活。

一分钟的关注足以使儿子、父亲、朋友、学生、老师感到幸福，仅仅一分钟便足以构筑永恒。

一分钟有时似乎无足轻重，但当我们向一位永远离去的朋友致敬时就会重视这一分钟。当上班是否迟到取决于一分钟时，我们就会珍惜这一分钟。我们也希望生活能多给将与我们生离死别的人一分钟。

在一分钟里，人可以去爱、寻求、分享、宽恕、等待、相信、获胜……

在短短的一分钟里，甚至可以拯救一条生命。

在一分钟里，一个人说个"是"，或另一个人说个"不"，都可能改变你的整个生活。

一分钟似乎非常短暂，但可能在我们的生活中留下深深的印痕。

有人说过："要把每一分钟都当成最后一分钟。"如果大家平时都能记住这句话，我们就会学会珍惜生活。

珍惜每一分钟，让生活之钟记录你度过的每一分钟。

最后，我会告诉学生如何做一个与时间赛跑并一定能够获胜的人，那就是"三不放"：课堂时间不放松；自习时间不放纵；零碎时间不放弃。

（2）日事日毕，日清日高。在此，我借鉴的是海尔的管理理念。所谓"日事日毕，日清日高"就是：每天的工作每天完成，每天工作要清理并要每天有所提高。又被称为OEC管理法，"OEC"即英文"Overall, Every, Control and Clear"的缩写。其内容：

O——Overall（全方位）

E——Everyone（每人）、Everything（每件事）、Everyday（每天）

C——Control（控制）、Clear（清理）

这是保证海尔集团十余年来，产值以平均每年82.8%的速度高速稳定增长，从一个濒临倒闭的集体小厂发展成为中国家电第一名牌，进而在国际市场上享有较高声誉的核心管理经验。如今，海尔的这一经验已经被美国哈佛大学列为成功管理范例。

在发动学生学习借鉴这种世界领先的管理经验的同时，我会将之与相关的中国传统诗词相结合，让学生更容易接受，并增强感染力。为此，我们师生会一起学习背诵这两首诗歌：

明日复明日，明日何其多，我生待明日，万事成蹉跎。世人若被明日累，春去秋来老将至。朝看水东流，暮看日西坠。百年明日能几何，请君听我明日歌。

——明·文嘉《明日歌》

今日复今日，今日何其少！今日又不为，此事何时了！人生百年几今日，今日不为真可惜！若言姑待明朝至，明朝又有明朝事。为君聊赋今日诗，努力请从今日始。

——明·文嘉《今日诗》

在具体实践时，我会给每个学生发一个巴掌大的笔记本，取名为"日清本"，要求学生在扉页上写上"日事日毕，日清日高"八个大字，并签上自己的名字。用这个本子，记录每天需要完成的学习任务，完成一项用红笔划去一项，如果当天按时完成所有的任务，一定要给自己写一句激励性的话，如"好样的"、"我真棒"、"Good boy"之类。如果当天还有哪一项没有完成，要把该任务放在第二天的首位，并提醒自己决不拖延！

这样做的目的是培养学生高效学习的能力，提高学生学习中不寻找借口、不拖延塞责的"执行力"。

除此之外，我还会利用班会向学生传递"主动学习赢得学习的主动"、"成功就是将简单的事重复做"等理念。当这些学习理念（哪怕只有一条）慢慢渗入学生的脑海，化为学生的行动时，不用多讲方法，学生的学习状态和学习习惯就能够得到巨大的改善！

七、天生我材必有用——心理健康教育

进入中学阶段,学生大多会开始自我价值的思考,这实际上是他们自我意识觉醒的标志,也是作为一个精神意义上的"人"的诞生。即使有许多误解,即使还很浅薄,也是弥足珍贵的!从此,他们不再是孩子,他们开始向深刻的思想、独特的个性前进。对这些已经出发,尤其是艰难地跋涉着的孩子,我总有一种油然而生的亲切、发自肺腑的同情和溢于言表的欣赏。

然而,我也注意到,一些学生在与历史伟人和身边的优秀者进行比较之后,往往会迷失自我,觉得自己处处不如别人,没有任何优势,不知怎样才能开创属于自己的具有独特价值的人生。如果放任学生深陷这种心理沼泽而不加引导的话,学生的心灵将遭受重创,精神会日渐萎缩!为此,我对学生进行心理健康教育,都会从"肯定自己"、"珍惜自己"、"相信自己"开始,帮助学生树立自信,坚定追求,使学生不因困难而退缩,不因挫折而自卑,不因失败而迷茫。这其实也是对学生意志品质的锤炼,对学生精神内涵的拓展。

1. 肯定自己,缺点也是特点

也许有的学生会疑惑,肯定自己的优点好理解,也能做到,缺点有什么值得肯定的呢?这就涉及心理学上的一个概念——"悦纳自我"。总的来说,悦纳自我包括两方面:第一是接受自己的全部,无论优点还是缺点,无论成功还是失败;第二是喜欢自己,肯定自己的价值,有愉快感和满足感。

其实,一个悦纳自己的人,并不意味着他的一切都是完美的,而是说他在接受自己优点的同时,也了解自己的缺点,很坦然地承认自己的不足之处。而后,不断克服缺点,注意自我形象塑造,把握自己做人的准则,不断完善自己,更加自信地面对生活,走向成功。这是一种修养,也是一种难能可贵的品质。

一个外国女人一直渴望能成为一名歌星,但容貌是她最大的致命伤。当她第一次登台唱歌时,为了掩饰一口难看的牙齿,她尽量拉长上嘴唇,希望能盖住,

结果呢？她的样子变得更滑稽可笑，使得演唱会彻底失败。一位观众听了她的歌，认为她很有天分，对她说："我看了你的表演，知道你想隐瞒什么，你对自己的牙齿感到懊悔。"她听了满脸通红。这位观众继续说："牙齿不好又能怎样？难道那也是罪过吗？不要去隐藏它们，张开大嘴大声地唱出来，观众会喜欢你的。克服心理的障碍，也许这口牙齿还能为你带来好运。"歌星接纳了观众的劝告，忘记牙齿的缺陷，专心地面对观众演唱，终于成为歌坛上一位闪亮的明星，很多人甚至想模仿她！

我们很难想象赵本山如果没有一张"正宗的猪腰子脸"、潘长江的身高不是低于一米六的话，他们怎么能创造出那么多经典的小品。在这个世界上，你是一个独立的个体，是上帝的一个杰作，没有一个人完全和你相同。从这个角度来看，常人眼中的缺点，有时甚至会成为不可多得的优点。

一个农夫有两个水罐：一个完好无损；一个有一条裂缝。农夫每次挑水，完好的水罐总能把水从远远的小溪运到主人家，而有裂缝的水罐回到主人家时往往只有半罐水。这只有裂缝的水罐感到无比痛苦和自卑。一天，它在小溪边对主人说："我为自己每次只能运送半罐水而感到惭愧。"这时，农夫惊讶地说："难道你没有看见每次回家的路旁那些盛开的鲜花吗？这些花只长在你那一边，而并没有长在另一个水罐那边。这些鲜花给我们一路上带来了多少美丽的风景！"

这个小故事告诉人们，如果我们能够坦然地、微笑着面对自己生命中的一些缺憾和工作中的不足，愉悦地接纳自己，扬长避短，充分发挥自己的潜力，它们同样会给我们带来"柳暗花明又一村"的美景。

悦纳自我，意味着接受自己现状的不足；意味着接受自己不如意的过往；意味着接受自己以后仍会失误、会犯错，只要不一再重复同样的错误。悦纳自我，是在明了自己的种种局限后仍自珍自重，自信自如，不放弃希望和努力。悦纳自我，也是懂得自己不能也无须为所有人喜爱。范仲淹说"不以物喜，不以己悲"，对待自己，更应宠辱不惊，在不完满中坚强地生活下去，永远不自暴自弃！

2. 珍惜自己，使生命升值

每个人都拥有一笔最宝贵的人生财富，你可以用它兑换任何形式的生活方式和人生轨迹！所以，我会告诉学生，你们每一个人都是百万富翁！

有个青年常对自己的贫苦发牢骚。"你具有如此丰厚的财富，为什么还要发牢骚？"一位年逾花甲的老人问。"它到底在哪里呢？"青年人急切地问。"你要能给我一只眼睛，我可以给你给你50万。""不，我不能失去眼睛！"青年回答。"好，那么，让我要你的一双手吧！为此，我用100万补偿。""不，双手也不能失去。""那么，我给你500万让你成为我现在这样的老人……""不行，那样我的一生还有什么意义呢？""既然有一双眼睛，你就可以学习；既然有一双手，你就可以劳动。还有将近40年可以为自己的理想而努力，你怎么还说自己一无所有呢！"老人微笑着。

不过，要想让这笔人生财富变成现实，我们首先得珍惜自己的价值，并要学会使生命升值。

一个孤儿院的男孩，常常悲观地问院长："像我这样没人要的孩子，活着究竟有什么意思呢？"院长总笑而不答。有一天，院长交给男孩一块石头，说："明天早上你拿这块石头去市场上卖，但不是'真卖'，记住，无论别人出多少钱，绝对不能卖。"

第二天，男孩蹲在市场角落，意外地有许多人要买那块石头，而且价钱愈出愈高。男孩回到院里高兴地向院长报告，院长笑笑，要他明天拿到黄金市场去叫卖。在黄金市场，竟有人要出比昨天高10倍的价钱。然后，院长又叫男孩把石头拿到宝石市场上去展示，结果石头身价又涨了10倍。最后，由于男孩怎么都不卖，石头竟被传言成"稀世珍宝"。

男孩兴冲冲地捧着石头回到孤儿院，将这一切告知院长。院长望着男孩，缓缓地说道："生命的价值就像这块石头一样，在不同的环境下就会有不同的意义。一块不起眼的石头，由于你的珍惜而提升了它的价值，被说成稀世珍宝。你不就像这块石头一样吗？只要自己看重自己，自我珍惜，生命就有了意义，有了价值。"

所以，我们要善待自己，珍惜自己，不要轻易地把自己的生命耗费在没有意义的事情上。否则的话，你就是在挥霍甚至透支自己的生命，你最终会失去过一种有意义的生活，从而使生命升值的机会。那样，你的生命一定会"贬值"！

3. 相信自己，永远不说"我不行"

一个志愿考上北京大学而在同学的嘲笑声中变得很不自信的学生向老师说出了自己的苦恼，老师没有直接鼓励他，而是不紧不慢地说："有一种昆虫叫大黄蜂，它的身体肥大笨重，翅膀却十分短小。生物学家根据空气动力学原理，并经过仔细计算，最后断言，大黄蜂是绝对不可能会飞的。但令人不解的是，大黄蜂不仅能飞，而且飞行速度远远超过一般的蜜蜂。"老师接着讲道："假如大黄蜂在很小的时候就听信科学家的善意劝告——'小黄蜂，你的肚子这么大，身体这么肥胖，翅膀却那么短小，你怎么可能飞得起来？你还是老老实实地在地上爬吧'，它这辈子恐怕只能像蜗牛一样在地上缓慢地爬行了。"

跳蚤本来可以跳两三尺高，但有一只跳蚤居然跳不出三寸高的玻璃杯，这是为什么呢？原来科学家做过一个有趣的实验。他们把一只跳蚤放在一只玻璃杯里，然后在杯口盖上一块玻璃。跳蚤使劲一跳，头重重地碰在坚硬的玻璃上。它不甘心失败，又跳了一次，它的头再一次重重地碰在坚硬的玻璃上。这样，经过无数次碰壁以后，即使把玻璃拿掉，它也跳不出玻璃杯了。这是什么原因？——这只跳蚤由于受过多次挫折，它在潜意识里已经认定自己不可能跳出这只玻璃杯，它丧失了再试一次的勇气。

所以，我们不要像那只跳蚤一样，在遭受挫折和失败以后，就自我设限，丧失了追求成功的欲望和信心。其实，一件事能不能做好，在绝大多数情况下并不取决于你的能力，而取决于你的信念。所以说，自信对一个人来说太重要了。

在现实生活中，当一件事被认为是不可能时，我们就会为不可能找到许多理由。例如：我的智商没有别人高，我吃不了苦，我天生记忆力差，我不是学数学的料……从而使这个不可能显得理所当然,我们也就当然不会采取积极有效的行动,最终的结果肯定是这件事真的成了不可能的了。

在我们一生当中,经常会听到有人告诉我们"你是做不到的",而我们往往信以为真。这些声音可能来自你的父母、师长,也可能是你比较接近的同学、朋友,甚至是你自己。当他们告诉我们要"实际一点"的时候,他们也许没有恶意,有可能还是善意的忠告。但是,他们的话常常会引发我们内心的恐惧与不安,使我们害怕尝试冒险,自我设限,生活也变得千篇一律、原地踏步。

事实上,"你做不到"并不是真理。几乎每一个伟大的构想在开始的时候,没有几个人能想到它真的可行。在飞机发明之前,科学家认为人在空中飞是不可能的;在麻醉药发明之前,医生坚信无痛手术是不可能的;在原子弹发明之前,科学家也都相信原子是不可能分裂的,原子弹的构想根本是无稽之谈;蒸汽机船发明之前,就有人数落富尔顿:"你有没有搞错,先生?你要在甲板下生起一团火,让船能够乘风破浪地航行?"但结果呢?富尔顿将它变成了现实。

在生命中,没有什么比完成别人口中"办不到"的事情更过瘾的事了。人生的一大乐事就是完成别人认为你做不到的事。去看看教你放弃的这些人,他们是否有伟大的成就?是否勇于突破障碍,活出自己的梦想?这些人连自己都做不好,又怎么能教你怎么做?

人的行为是受思想观念制约的,有什么样的思想观念,就会产生什么样的行为,有什么样的行为就会产生什么样的结果,而这个结果又会使你对以前的观念更加坚信不疑。如此经过多次循环,便形成信念,信念一旦形成,便很难改变。

如果能养成三种观念——肯定自己,缺点也是特点;珍惜自己,使生命升值;相信自己,永远不说"我不行",你就能成为人生意义上的"百万富翁"!李白高唱的"天生我材必有用",是对我们每一个人的礼赞!

八、倚门回首嗅青梅——爱情观念教育

教育家苏霍姆林斯基在《爱情的教育》中说:"爱情的念头一旦在年轻人的思想和感情上撩拨和引起不安,教育者就应当给他们讲爱情是什么。这种讲解将会在年轻人的心灵中培养出高尚的思想和情感,首先是培养出能够给人以巨大幸福的对美的责任感。"不过,他也严肃地指出:"教育工作在这一方面的主要缺点是,在青少年形成精神面貌时期,爱情教育问题没有完全列入德育之内。"

反思我们以前的德育工作,一直视爱情为"洪水猛兽",要么绝口不提,要么大加挞伐。这样做的后果是学生不能正确认识"爱情"这朵人类情感花园中最迷人的奇葩,结果产生种种偏差。有的学生会觉得这种男女之间的情感"见不得人",只好在不寻求任何指导和帮助的情况下,开始危险的摸索;也有的学生会产生"逆反心理",老师、家长不让做,"我"非要尝试一下。由此酿成了许许多多的"闹剧"、"悲剧"甚至"惨剧"。

然而,可喜的是,近年来,越来越多的教育工作者已经意识到这个问题,出现了许多正视"爱情教育"的范例。

比如,2004年秋季,上海市50多所中学的初三学生领到一本全新的语文教材,课本中第二单元的主题为"爱情如歌"。目的是与其让这些正在发育的孩子因好奇又缺乏正确引导而误入歧途,不如让世界名家的经典话语帮助他们走过这段"躁动期"。例如,苏霍姆林斯基《给女儿的信》说明爱情是崇高而不是盲目的情感;普希金的《致凯恩》则是对爱情的讴歌;苏童的《老爱情》体现了爱情的忠贞和相濡以沫;舒婷的《致橡树》和夏洛蒂·勃朗特的《因为我们是平等的》则强调爱情应当是平等的。通过这一单元的学习,使学生初步懂得"爱情"含有"忠诚"和"永恒"的真谛,真正的爱情意味着承诺、责任、尊重、付出,意味着患难与共,风雨同舟。

还比如,四川省成都市武侯实验中学校长李镇西老师很早就开始给自

己的学生开设青春期讲座——"爱,你准备好了吗"。根据李老师《做最好的班主任》一书中的描述,该讲座包括:①"青春期的男生女生会有些什么心理?"——剖析青春期男女生的微妙心理;②"男女生相处要亲密有间!"——等距交往,坦然交往,公开交往;③"友情乎?爱情乎?"——厘清爱情与友情的区别;④"怎样的男生女生算是优秀的?"——引导男生做"堂堂男子汉",女生做"杰出女性"。

我认为,广大班主任不应该坐等国家开设相关课程或改编教科书才开始着手"爱情教育",我们应该像李镇西老师那样"主动出击","走在学生情感发展的前面"。正如苏霍姆林斯基所说:"我坚定不移的是,高尚的爱情种子需要在年轻人产生性欲之前好久的时候,即在他们的童年、少年时期播在他们的心田里。"

有了这些认识,我经常在班会或平时的语文教学中,向学生进行"爱情观念教育"的渗透。

1. 爱情的别名是成长

首先,我绝不否认学生产生对爱情的认知与向往的价值,因为那标志着学生的成长。所以,我会对学生说:

当你们开始打量自己的发型有没有乱,当你们开始留心自己的衣着是否得体,这是审美的成长。

当你们开始品味他/她的言行,当你们开始回味他/她的眼神,这是心理的成长。

当你们开始关心他/她有没有带伞,当你们开始担心他/她有没有吃早饭,这是爱心的成长。

当你们开始为他/她的进步而自豪,当你们开始为他/她的错误而懊丧,这是善良的成长。

当你们开始为自己不够"完美"而沮丧并开始学着改变自己,这是理想的成长。

当你们开始为他/她约束自己的喜好,并开始尝试容忍他/她的喜好,这是意志的成长。

……

所有这一切，请先不要说是"爱情"，它首先表明你们幼小的心灵中已经不再狭窄地只容得下自己，你们的心灵开始有了其他人的位置。它们还表明，你们开始懂得这个世界上他人的生命同样具有价值，他人的喜怒哀乐同样值得关注。这难道不是成长，难道不是所有"善"与"爱"的萌芽吗？

正是因为有了这样的"萌芽"，在泰坦尼克号沉没之后，杰克才会毫不犹豫地将生的希望留给罗丝，罗丝也才会坚强地活到白发苍苍……

正是因为有了这样的"萌芽"，我们的父母才会甘苦与共，不离不弃，共同为我们支撑着一个温馨幸福的家……

所以，当有一天，你们身上开始出现上述"症候"，请不要疑惑，更不要慌乱，这意味着你们正在成长！

2. 爱情的个性是等待

不过，我还会告诉学生，这种有时甜蜜有时烦恼的"成长"可遇而不可求，尤其是在你们还未真正成熟之前，大可不必为了模仿影视剧的情节，为了在同学面前的"面子"而刻意为之。因为爱情的个性是等待，就像春有牡丹夏有荷，秋有菊花冬有梅。如果都耐不住性子挤在春天开放的话，自然还会如此摇曳多姿，人间还会如此丰富多彩吗？

我请大家看余秋雨先生与一位中学生的通信：

余教授：

我在高中一年级时就爱上了同班的一个女同学，现在已经恋爱了一年多时间。在我们班级，差不多的情况还有四对。

但是，我们的班主任老师对此一直反对，说我们这样做会影响学习，还会带来不良风气，因此每次开会都批评，搞得我们烦透了。

恋爱是不良风气吗？我们读过古今中外一些写爱情的作品，懂得了要用斗争来保卫爱情，你支持我们吗？

陈晓铜

晓铜：

爱情非常珍贵，不仅值得用斗争来保卫，而且即使付出生命的代价也值得。

在这茫茫人世间，一定有一个生命特别适合你，她已经来到世间，等着你。为了找到她，你会经历很多事情，周游很多地方，终于如电光一闪，充分成熟的你找到了充分成熟的她，然后互相托付漫长的生命。

但我不相信，她，正巧就降落在同一所学校、同一年级、同一个班级，降落在高中一年级。那么巧，那么准，又那么早。而且，同样的巧事还发生了四对！

当然，勉强说来，你们的交往也可算作初恋，但初恋毕竟是一个人的重大事件，任何人都不可能有第二次初恋，你们大家难道就这么随意地集体打发了？

今后有人问起你们的初恋，如果你们齐声回答是高中一年级时的同班同学，别人听了一定会大叫：不算，不算，用公式化的儿戏来蒙人，真乏味！

我的这封回信也许会引来你的女友生气，好像我故意在拆散你们。其实，未经艰苦寻找的草率结合，对她也是不尊重。她和你一样，都有寻找深刻爱情的权利。

如果经历了人生坎坷，尝过了世间甘苦，突然有一天，在街上遇到了一个高中时的女同学，一谈之下情投意合，二谈之下心心相印，那就谁也不会反对你们的恋爱了。

余秋雨

所以，你们要耐心等待，等待自己的充分成熟，等待他/她的充分成熟，然后将自己的初恋交付给那个与你真正情投意合、心心相印的他/她，这样才不会亵渎那纯洁的爱情，这样才不会浪费那宝贵的生命！

3. 爱情的阳光是自尊

对女生，我会特别强调这一点，"爱情的阳光是自尊"！我会告诉女生，爱情并不能将你变成"他"的附庸，要爱，他就要爱你整个人格和心灵；我会告诉女生,爱情并不意味着一味地包容,你们的尊严和精神不容丢弃;我会告诉女生,爱情也不等于完全的付出,你有拒绝的权利,否则他不会懂得珍惜……没有了"自尊",你的感情世界将是一片阴霾,最终会被滚滚而来的洪水冲垮!

我一定会给她们读苏霍姆林斯基写的《给女儿的信》,并教会她们欣赏舒婷的杰作——《致橡树》:

我如果爱你——

绝不像攀援的凌霄花,

借你的高枝炫耀自己;

我如果爱你——

绝不学痴情的鸟儿,

为绿荫重复单调的歌曲;

也不止像泉源,

常年送来清凉的慰藉;

也不止像险峰,

增加你的高度,衬托你的威仪。

甚至日光。

甚至春雨。

不,这些都还不够!

我必须是你近旁的一株木棉,

作为树的形象和你站在一起。

根,紧握在地下,

叶,相触在云里。

每一阵风过,

我们都互相致意,

但没有人,

听懂我们的言语。

你有你的铜枝铁干,

像刀，像剑，

也像戟，

我有我的红硕花朵，

像沉重的叹息，

又像英勇的火炬，

我们分担寒潮、风雷、霹雳；

我们共享雾霭、流岚、虹霓，

仿佛永远分离，

却又终身相依，

这才是伟大的爱情，

坚贞就在这里：

爱——

不仅爱你伟岸的身躯，

也爱你坚持的位置，足下的土地。

我会告诉女生，爱情只能让你们的人格更加独立，精神更加挺拔，生命更加精彩，意志更加坚定——因为你们是平等的！因为你们有自尊！

4. 爱情的土壤是责任

对男生，我会特别强调这一点，"爱情的土壤是责任"。我会告诉男生，爱情是一种承诺，承诺的兑现需要责任；我会告诉男生，爱情是一种托付，托付的承担需要责任；爱情是一种约定，约定的信守需要责任……没有了"责任"，你的爱情生命将贫瘠如荒漠，一切最终会被雨打风吹去！

我一定会给男生念这样一篇文章——《"责任"是男子汉的魂》：

日前，由肯德基和千龙网联合发起的"十大德行——男性成人标准"网络票选活动最终揭晓。其中，"责任"一词以 14 万余张选票高居榜首，成为入选男性成人标准的首个关键词。（2008 年 6 月 30 日《北京晨报》）这个调查结果，让人欣喜！

男子汉大丈夫，要讲责任，讲对家的责任，我们不提倡大男子主义，但作为男人，你就是家庭的一大支柱，精神的、物质的支柱，就要为孩子做出表率，这个表率是品德的，是事业的；就要能为妻子遮风挡雨，这是一种爱，应该的爱，力量的爱。女人是家庭之水，男人是家庭之山，山水打造了家庭美丽之景，男人应讲责任。

作为男子汉，要讲对工作的责任，要能够身先士卒，要能够吃苦在前，要能够名利面前不伸手，要能够谦让，为什么？因为你是男子汉，你顶天立地，你的事业必须靠自己的智慧与汗水拼搏，而不是靠对名利夺取的投机取巧。

作为男子汉，就应该思考社会，就应该分析社会，就应该遇到不平一声吼，就应该该出手时就出手，这是对社会的责任，作为男人的责任。男人的事业是父亲的事业，是耕耘的事业，是努力向前的事业，是拼搏进取的事业。男子汉应该为社会奉献出力量，奉献出勇敢，奉献出刚强，奉献出一株树、一座山。

男子汉不能狭隘自私，要想国家、思大局，要有国家意识，要有为国家做贡献的精神，你是男人，你是国家的田，你要为国家长出茁壮的景观。你是国家的力，你要为国家创造伟大，男子汉应是国家的铜墙铁壁，国家应因男子汉而自豪。

"责任"是男子汉的魂，是男人，就要做有责任的男子汉！

我会告诉男生，美国第三十三任总统杜鲁门在他白宫办公室的墙壁上始终挂着一条横幅："一切责任由我承担。"这份责任感不仅让盟军赢得了"二战"的胜利，也使整个欧洲从战争的泥淖里重新站起。同时，他也可以说是美国历史上最为儿女情长的总统，他和妻子贝丝长达半个世纪的爱情故事常为人们所称道。杜鲁门一生给贝丝写下的情书数以千计，保留下来的有1300多封。信中有思念之情，有家庭琐事，也有天下风云。1919年，杜鲁门在欧洲鏖战期间，他在信中写道："亲爱的贝丝，你知道我的上衣有两个贴胸的口袋。自然，你能猜到我左边的口袋里珍藏着谁的照片……妈妈的照片放在另一只……"

这种以天下为己任又忠贞不渝的男人，才是真正有责任感的男子汉！

最后，还是让我用苏霍姆林斯基的一段话来结束这一章，我觉得在爱情教育方面没有人比他看得更远，思考得更深——"教育男女青年以理智的目光、以严肃的态度对待生活中的最重要问题——爱情，这是学校和教师真正人道主义精神的表现"。

第二章

行之有效的班会技巧

导语：古人讲求"道"与"术"的辩证。德育之"道"当然是对学生的热爱,对教育规律的追求,是形而上;德育之"术"自然是一些技巧、方法和形式,似乎属于形而下。其实,对班会技巧的研究和探索正是基于对德育之"道"的理解与追求。古人云:"有道无术,术尚可求;有术无道,止于术。"今人说,"爱能使老师变得聪明。"我要说,"追求大道,不废小术!"

一、少谈大道理，多讲小故事

北京师范大学于丹教授在中央电视台"百家讲坛"的系列讲座"于丹《论语》心得"火遍大江南北，一时间妇孺皆知，老少咸喜，掀起了一场方兴未艾的"《论语》热"。她之所以成功，除了渊博的学识、极佳的口才、新颖的见解，还有一个制胜的法宝，那就是将看似高深的"圣人之论"用一个个通俗易懂又内涵深远的小故事加以阐释，让人如饮清茶，如啜醇酒，齿颊留香，欲罢不能，让人真正感受到"道不远人"的魅力。

也许是做班主任的职业习惯，我在欣赏于丹老师讲座时就想："如果我的班会也能用几个恰到好处的故事将德育内涵蕴含其中，应该也能收到这样娓娓动听的效果吧！"后来，我陆续读到当今几位著名教育者的言论，更加坚定了班会要"少谈大道理，多讲小故事"的想法，并经过一系列的探索，形成了一套自认为小有成效的做法。

北京师范大学的肖川教授来我校演讲，开场白后就提出一个观点："教师需要练就讲故事的能力"。他从叙事学和接受学的角度分析，故事有引人入胜的情节，能吸引人的注意力；故事有生动典型的形象，能唤起人审美的愉悦；故事有自由解读的空间，可以激发人的想象力。

所以，"少谈大道理，多讲小故事"，这是由故事本身的特点和优势决定的。

著名德育专家张万祥老师在《班主任要善于讲故事》一文中说，"当今青少年存在三不特点，即不迷信宣传，不崇拜权威，不轻易服从"，因此，"在进行教育时，教师要克服成人化、口号化、报告式、运动式，努力做到潜移默化，还要淡化教育者的形象，给受教育者以更多的尊重、信任、平等与期待，要像受教育者那样感知、体验和思索，要采用以情感人、以理服人、循循善诱的教育方法，真正地和受教育者缩短距离，沟通思想感情，切实抛弃以教育者自居的教育意识与教育心态"。德育故事就是最好的载体之一。所以，"少谈大道理，多讲小故事"也是由当今青少年的特征对新时期德育提出的挑战决定的。

苏霍姆林斯基也说，"任何一种教育，孩子在其中越少感觉到教育者的意图，其教育效果就越大。"那些德育故事兼具生动形象、亲切感人、内涵丰富等特征，远比枯燥的说教更具教育魅力。所以，"少谈大道理，多讲小故事"是由对德育效果最优化的追求决定的。

当我明确了努力的方向之后，遇到的第一个问题是"什么样的故事才是好的德育故事"，而这个评价的标准只能是"学生需要"。那么，当今中学生最需要哪些方面的德育呢？经过思考我确定了四大类别：品德修养，人际交往，励志成功，心理健康。这每一类又分别有一个核心追求：向善，忠恕，坚毅，乐观。当这些确定之后，围绕它们寻找、积累、运用恰当的德育故事就变得有的放矢了。

例如"向善"。

叶圣陶先生说："教育是习惯的养成，而德育就是养成学生求善的习惯。"向善求善是一切品德修养的根源。可是，如何将善良的种子深深植入学生心灵呢？只是空洞地说教学生要做个好孩子，这是无力的；机械地告诫学生不打架不骂人，这是肤浅的。关于这一点，苏霍姆林斯基有一段深刻的论述，他说："应当在孩子心灵中培养的，是真正的人道的爱，即能急他人之所急，忧他人之所忧，同他人休戚与共。只有在那种能够体察和关注别人命运的心灵里才会产生真正的爱。"

每次接手新的班级，我都会给学生讲两个聋人的故事。

第一个故事：

一个小女孩因为长得又矮又瘦而被排除在合唱团之外。小女孩躲在公园里伤心地流泪。她想：我可以在这里唱歌啊！于是，她就低声唱了起来。她唱了一支又一支，直到唱累了为止。

"唱得真好！"这时传来说话的声音，"谢谢你，小姑娘，你让我度过了一个愉快的下午。"说话的是一个满头白发的老人。他说完后，站起来就走了。

小女孩第二天再去时，那老人还坐在原来的位置上，满脸慈祥地看着她微笑。小姑娘于是又唱了起来,老人聚精会神地听着,一副陶醉其中的样子,最后鼓掌说:"谢谢你,小姑娘,你唱得太棒了!"说完,他仍自顾自地走了。

　　这样过了许多年,小女孩长成了大姑娘,成了大姑娘的她长得美丽窈窕,而且是小城里有名的歌星。她忘不了公园里靠椅上那位慈祥的老人。一个冬日的下午,她特意到公园里寻找老人,但那儿只有一张长长的孤独的靠椅。"他死了,他聋了20多年了……"姑娘惊呆了。那个聚精会神倾听她唱歌并热情地赞扬她的老人竟然是一个聋人!泪水划过姑娘的脸庞,流进她的心里……

　　第二个故事:
　　一个在父亲和妹妹眼里是音乐白痴的小伙子,因拉小提琴像锯床腿而感到沮丧。

　　他不敢在家里练琴,便跑到楼区后面小山上的林子里拉。可拉了一曲后又懊恼得流泪,他诅咒自己:"我真是个白痴,这辈子也别想拉好琴!"当他看到静坐在木椅上的一位老妇人时,更是抱歉,觉得自己拉出的难听的声音破坏了林中和谐的美,破坏了老人独享的幽静。他走上前去,正要道歉,老人却说:"是我打扰你了吗?小伙子。不过,我每天早晨都会在这儿坐一会儿。我猜想你一定拉得非常好,只可惜我的耳朵聋了。如果不介意我在场的话,请继续吧。也许我可以用心感受这美妙的音乐。"就这样,小伙子又鼓起勇气拉起来。当小伙子拉完准备回家时,老人又说了一句:"真不错,我的心已经感受到了。谢谢你,小伙子!"

　　小伙子这样练习了一段时间。直到有一天,小伙子的一曲"月光鸣奏曲"让专修音乐的妹妹大吃一惊,她追问哥哥是哪位名师指点他的,哥哥才说出每天早晨面对住在12号楼的那位"聋人"老妇人练琴的事。妹妹却惊叫了起来:"聋人?多么荒唐!她是音乐学院最有声望的教授。更重要的是,她曾是乐团的首席小提琴手!"

　　故事讲完之后,我说,这两位老人无论是装"聪"还是扮"聋",他们都有一颗金子般的心,对身处逆境的人伸出援助之手,对自卑气馁的人致以热烈的掌声，而且是悄无声息的、发自内心的，这是高尚人格、高雅修养的表现。苏霍姆林斯基说："人类最大的快乐从关心别人的精神世界、从善于体察他人的不幸中产生。"

我想这样跟学生讲什么是"善良"，要比说"要关心他人"更有感染力；这样跟学生说"善良的人应该怎么做"，要比说"要帮助别人"更有说服力！

例如"坚毅"。

当代青少年比较缺乏的一种品质就是"坚毅"。他们有目标而不能坚持，遇到困难就会退缩，遭到打击就灰心丧气，将磨炼当作灾难，看不到顽石中也会有美玉，想不到钻石也曾是普通的金刚石，只是切磋、琢磨、斧削、刀割的结果。如何培养学生"坚毅"的品质，正确认识学习和生活中的磨难呢？不是班主任对他们大喝一声"要挺住"或"坚持就是胜利"就能解决得了的，而是要让学生明白，在困难面前，忍耐是必要的，甚至可以说是最终战胜它的不二法门。在忍耐中，你获得的不仅是成功的结局，还有坚毅的品质。

即便如此，这些抽象的道理，对学生来说还是没有多大的吸引力。这时，我一般利用班会给学生讲这样一个故事——大师的学生。

一个音乐系的学生走进练习室。钢琴上，摆放着一份全新的"超高难度"的乐谱。

他翻动着，喃喃自语，感觉自己对弹奏钢琴的信心似乎跌到了谷底，消磨殆尽。已经三个月了，自从跟了这位新的指导教授之后，他不知道，为什么教授要以这种方式整人？

勉强打起精神，他开始用十个手指头奋战、奋战、奋战，琴音盖住了练习室外教授走来的脚步声。指导教授是个极有名的钢琴大师。授课第一天，他给自己的新学生一份乐谱。"试试看吧！"他说。乐谱难度颇高，学生弹得生涩僵滞、错误百出。

"还不熟，回去好好练习！"教授在下课时，如此叮嘱学生。学生练了一个星期，第二周上课时正在准备中，没想到教授又给了他一份难度更高的乐谱，"试试看吧！"上星期的功课，教授提也没提。学生再次挣扎于更高难度的技巧挑战。

第三周，更难的乐谱又出现了，同样的情形持续着，学生每次在课堂上都被一份新的乐谱所困扰，然后把它带回去练习，接着再回到课堂上，重新面临难上两倍的乐谱，却怎么都追不上进度，一点也没有因为上周的练习而有驾轻就熟的感觉，学生感到愈来愈不安、沮丧及气馁。

教授走进练习室。学生再也忍不住了，他必须向钢琴大师提出这三个月来、何以不断折磨自己的质疑。教授没开口，他抽出了最早的第一份乐谱，交给学生。"弹奏吧！"他以坚定的眼神望着学生。不可思议的事发生了，连学生自己都惊讶万分，他居然可以将这首曲子弹奏得如此美妙、如此精湛！

教授又让学生试了第二堂课的乐谱，学生仍然出现高水准的表现。演奏结束，学生怔怔地看着老师，说不出话来。"如果，我任由你表现最擅长的部分，可能你还在练习最早的那份乐谱，不可能有现在这样的程度。"教授，钢琴大师，缓缓地说着。

人，往往习惯于表现自己所熟悉、所擅长的领域。但，如果我们愿意回首，细细检视，将会恍然大悟，看似紧锣密鼓的工作挑战、永无休止难度渐升的环境压力，不也就在不知不觉间，养成了今日的诸般能力吗？

因为，人，确实有无限的潜力！有了这层体悟与认知，会让我们更乐于面对未来势必更多的难题。

之后，我再跟学生说上这样一段话——"人们每天用犁耕地，犁铧上的铁锈就被磨掉，变得像镜子般光亮洁净。同样，人在努力中克服困难，勇敢地面对挫折，始终不渝地追求尚未达到的目的，他的心灵就会锻炼得光彩夺目。困难、障碍和挫折——这些都是信念的试金石"。

德育故事的力量是巨大的，效果是显著的，可是班主任要想将这一方法使用得得心应手，必须解决两个问题：一个是"讲什么"；一个是"怎么讲"。为此，还要做以下三个方面的准备。

1. 积累素材

班主任应当有意识、有目的地积累德育小故事，比如按照我上面列举的四大类型,从报刊上、网络上广泛收集。具体怎么做呢?首先,班主任要订阅《读者》、《青年文摘》、《教师博览》等几种文摘类杂志,遇到适合的文章,可以从网络上搜索并保存。最好建立专门的"德育故事"文件夹,并按故事的主题分类。同时,要经常浏览一些发布小故事的网站,见到一篇马上复制粘贴,保存起来。如果上网不方便的话,可以专门到书店购买《小故事大智慧》、《讲给学生听的故事》等书籍。但是,这还不能完全叫作积累,只能叫作保存,积累必须是牢记在大脑里,溶化在血液里,需要的时候能够保证脱口而出。这就需要下功夫熟记,我的做法是每天背一个,读一遍用不了几分钟,读得多了就能将故事完整地复述下来。还需要注意的是,记忆时一定不能遗漏细节,比如人物的姓名、语言、心理活动,包括一些重要的数字,因为这是保证故事能打动人、说服人的关键。到周日的时候,将本周所背六篇再复习一遍,这样印象就深刻多了。

2. 训练口才

讲故事也需要一些语言技巧,有些人有语言的天赋,对语言比较敏感,有良好的"语感",讲起来绘声绘色,引人入胜。有的人缺乏这种语言优势,讲故事像背书,精彩的故事也会变得如白开水一般无味,让听故事的人都替他着急。不幸的是,我就属于后者。于是,每次开班会讲故事之前,我都会先打好腹稿,在脑海中将故事的每一个情节,每一处细节仔细排练几遍,包括语气动作都要揣摩一番,力求生动感人,万无一失。有过几次这样的经历之后,我发现自己慢慢地掌握了一些讲故事的诀窍,那就是语气、表情、动作要协调,三分讲七分演。渐渐地,学生越来越喜欢我讲的故事,越来越期待我开的班会。

3. 选择时机

一个好的故事,必然体现了某个或某些人性的弱点或人性的优点,它的情节必然能引起学生情感上的共鸣、理性上的思考,而这些只有在学生已经有初步体验或强烈需求的情况下,才能发挥最佳的教育价值。班会不是"故事会",班会要承担明确的德育目标。因此,开什么样的班会,用什么样的故事,一定要选择最佳时机,这也叫作"教育契机",比如上面提及的"大师的学生"那次班会。在高二下学期的期中考试之后,学生经过一个多学期的努力,都期待着一次证明自己进步的机会,可是那次考试的试题比较难,许多学生有一种受挫感,随之而来的是一种失望的情绪。在这样的背景下,我用这样一个故事,让学生明白学习中的难题就是"大师的考验",没有这些考验难以取得骄人的进步。我告诫大家要学会在困难中忍耐,在忍耐中挖掘自身的潜力,并逐渐变得坚毅,这样就收到了鼓舞士气、激发斗志的效果。

苏霍姆林斯基说:"童话是思想的摇篮。"他还建议道:"我们通过鲜明生动的、富有思想性的故事形式,讲述精神美的人物,让人类在过去和今天所创造的一切道德财富进入学生的意识和心灵。这些故事使学生思想激动,迫使他们思考自己的行为。"

时至今日,我愈发觉得这是一位伟大教育者给所有同行的最好的箴言!

二、丰富、鲜活、深刻的班会素材

一节好的班会课有四个前提:精彩鲜明的主题,生动活泼的形式,鲜活深刻的素材,和谐融洽的关系。精彩鲜明的主题保障了班会的实际效果;生动活泼的形式让班会不易使学生产生审美疲劳;和谐融洽的师生关系让学生更加愿意参与其中,而非只做一个旁观者;鲜活深刻的素材除了可以使班会更具吸引力之外,还能引导学生进行深入的思考和深刻的体验。能够真正启发学生进行新的思考,获得比以前更加深刻、真切体验的班会,才称得上是成功的班会。因此,班主任要特别潜心于丰富、鲜活、深刻的班会素材的积累和运用。

1. 班会素材的丰富性体现在形式的多样化上

我的电脑里有一个专门的"德育素材库",分为"文字"、"图片"、"音频"、"视频"、"课件"五个文件夹。每个文件夹又分若干个子文件夹。比如"文字"类里就有"故事"、"诗歌"、"散文"、"时事评论"和"网络热点"五项。"图片"类里有"自然风光"、"人物风采"、"社会万象"和"班级相册"四项。"音频"类里有"音乐"、"朗诵"和"演讲"三项。"视频"类里有"教育电影"、"精彩节目"和"网络视频"三项。"课件"类里有"人生哲思"、"心理游戏"和"学法指导"三项。每一项下又有若干专题。这样就保证了我在准备一次班会的时候，能够获得较充裕的材料，不至于资源枯竭、手忙脚乱，还能为我节省不少时间。更重要的是，这些多样化的素材，经过精心的搭配组合，能让我的班会对学生一直保持足够的吸引力，否则每周一节的班会课将让学生丧失期待。

比如，在一次主题为"为你自己学习"的班会上，我们先跟着音乐齐声合唱了一首励志歌曲《相信自己》。然后，我用课件让学生观看平时抓拍的他们学习时的照片，学生从多媒体屏幕上看到自己或他人勤奋学习的样子已经有所触动，这时，我再抛出一个讨论的话题"你为谁而学习"，让大家各抒己见。在出现"为自己学习"的答案之后，我充分肯定了这一回答，并展示了这样一个故事：

一个年事已高的木匠就要退休了，他告诉他的老板：他想离开建筑业，然后和妻子及儿女享受一下轻松自在的生活。虽然他也会惦记这段时间里这份不错的薪水，不过他还是觉得需要退休了。生活上没有这笔钱，也还是过得去的。老板实在是有点舍不得这样好的木匠离去，所以希望他能在离开前再盖一栋具有个人品位的房子来。木匠欣然答应了，不过令人遗憾的是，这一次他并没有很用心地盖屋子。

他草草地用劣质的材料就把这间屋子盖好了。落成时，老板来了，顺便也检视了一下房子，然后把大门的钥匙交给这个木匠说："这就是你的房子了，是我送给你的一个礼物！"木匠实在是太惊讶了！当然也非常后悔。因为如果他知道这栋房子是他自己的，他一定会用最好的木材、用最精致的工艺来把它盖好。不过，现在他却因为自己的草率，而要住在一个一点都不好的房子里面。

接着我说，看完这个故事，你也许会觉得这个老木匠有点可笑。但是，扪心自问，我们又何尝不是如此呢？我已经不止一次地听到一些朋友抱怨，我们不过是在为老板打工、不过是公司赚钱的工具而已。也不止一次地听到学生倾诉，自己是为了父母的面子、家庭的荣耀才勤奋学习的。

我要告诉你，如果你产生这样的想法，实在是犯了一个巨大的错误。事情的真相是这样的：

其实，我们每个人自己正在干的活儿都是在为自己工作，是在准备为自己建造一栋房子，不要以为我们是在为别人而工作。如果我们不肯努力地去做，尤其是到了关键的时刻不去追求精益求精，只去消极应对，那么，等我们惊讶得目瞪口呆时，我们只能住进自己为自己建造的最后的也是最粗糙的"房子"里。

回顾这次班会，我用一首歌曲调动学生的情绪，用一组图片唤醒学生对自己平时学习状态的反思，用一个故事引导学生树立"为自己学习"的主动学习观念。如果没有这些丰富多彩、形式多样的班会素材，德育的效果必定大打折扣。

2. 班会素材的新鲜度体现在对时事热点、社会风尚的把握上

一个缺乏对时事热点的关注的班主任是闭目塞听的班主任，一个闭目塞听的班主任难以培养出胸怀天下的学生；一个拒绝了解社会风尚的班主任是僵化落伍的班主任，一个僵化落伍的班主任是会被学生看不起的。我相信没有班主任会不看新闻，不了解身边的社会和生活的世界，也没有班主任愿意被学生视为"out（落伍）一族"，只不过还缺乏主动设法将时事热点、社会风尚引入班会，当作一种宝贵素材的意识和眼光。在这样一个资讯异常发达的时代，这不能不说是一种遗憾，也是一种危险。遗憾的是，这样等于主动放弃了丰富的资源；危险的是，这样的班主任的班会德育效果堪忧；幸运的是，我并没有陷入这样的误区，而是有意识地用它们来为我的班会"保险"。

在震惊世界的"5·12汶川地震"的当天晚上，我临时向数学老师征用了一节晚自习，开了一次关于避震自救知识的班会，并要求学生晚上归寝后打

电话问候自己的亲人、朋友（我们学校是寄宿制），并将班会讲的知识告诉他们。惊魂甫定的学生听得特别认真，也特别受感动。经历了这次令人后怕的生死考验，尤其是这次班会之后，我明显地感觉到学生与我更亲近了。当晚查完寝室后，刚到家我就收到学生的短信——"谢谢老班在危难之时能指挥若定地组织我们逃离！谢谢老班告诉我们那么多避震自救的知识！谢谢老班提醒我们问候家人！"这三声感谢让我感受到莫大的鼓舞和安慰！

随后的几天，越来越详细的灾情报道、越来越庞大的伤亡数字，让整个国家笼罩在沉重的悲伤之下。可是，生活还要继续，高考还要面对，为了让学生能更快更好地将悲痛转化为生活的勇气和学习的动力，我如获至宝地从新华网上找到了一组图片以及一段介绍性的文字："照片上分明地标注着，这些照片拍摄于2008年5月11日，是一位北川中学的老师5月11日发表在他的个人博客上的，现在，有许多网友停留在这位老师的博客上，祈祷、企盼着他的下一次更新。从这组照片中可以看到，这是北川中学高三年级为了缓解高考迎考压力而举行的一次文体活动，老师、同学们脸上满溢浓浓笑意，可是在不到24小时之后，一场突如其来的地震吞噬了这些纯朴的笑脸。如果没有这场地震，下个月初，这些孩子都将和全国各地高三年级的孩子们一样，坐在考场里，走上通往大学的人生之路吧。"

这些照片，这段文字，让同样是高三毕业班的学生深切地感受到了生命的宝贵，自己能平安参加高考的幸运。在深深地缅怀遇难同胞的同时，也坚定了他们坚强面对生活和高考的信念。

3. 班会素材的深刻性体现在对某些人物事件的深度挖掘上

没有学生会不知道"谢霆锋"，可是许多老师不知道。即便知道，老师们也不一定了解。就算了解，以我们的年龄和职业很难不对他产生成见。因此，我们总也不能明白学生为什么会那么狂热地喜欢他、崇拜他。可是，当我看到《疼痛是青春必须的一步》这篇文章之后，我也对他产生了好感。同时，我清楚地知道，就算学生对他的血型、身高、鞋子的尺码了若指掌，也不一定了解以下细节和情境：

17岁，他出道，为替父亲还债，开始自己的演艺生涯。第一部片子，古惑仔系列，他和300多人打打杀杀，因为太过入戏，他不小心踢到了废钢，脚受伤了，血顿时流了出来。导演立刻喊停，然后要送他去医院。他知道，这一去医院，势必要换人，他的星路也许从此就断了。

于是，17岁的他对导演说，300多人找来不容易，耽误一天就是好多钱，我能坚持。

于是，他将酒精直接倒在伤口上，再将塑料袋穿进鞋子里面接血，继续拍摄。换了四个塑料袋，倒出四袋血，戏拍完时，他几乎晕倒。

送到医院，大夫说，再晚来一会儿，人就完了；而且，极有可能破伤风。为了给他缝针，大夫让他签生死状。在大夫给他缝针时，他就那样看着，不喊、不叫、不哭，没有打麻药，就那样一针一针地缝着。一个17岁的少年，知道自己面对的会是怎样的人生。他说，哭是没有用的。最后一针，他对大夫说：我来缝！ 大夫看着他，他居然笑了："没有尝试过的人生，我都想尝试一下。"

这句话多么豪迈，在场的人都震惊了，因为大夫说，如果熬不过去，他只有四天的生命了，所以，他愿意尝试生命中不曾尝试的痛，他要给自己缝一针。

那是他的第一部电影，他得了金像奖的新人奖。

后来，他一直努力，不停地得奖。在得到金像奖之后，他曾经很飞扬跋扈地对父亲说："你演了一辈子戏，得过一个奖吗？"父亲黯然。

他一直自认为是骄傲的、成功的，所以，那时的他难免轻狂了些。几年之后，当他恋爱了、结婚了、生子了，他才知道，父亲把他这么麻烦的孩子养大是多么不容易的事情。

这一次，他得了百花奖，当主持人问他想对家人或朋友说什么话时，他再也控制不住自己，哭了。多少年来，他没有哭过。被臭鸡蛋砸下台没有哭过，折胳膊断腿没有哭过，恋爱失败没有哭过，可是这次他哭了。他说，如果再有机会得金像奖，他一定把那个奖杯送给父亲，然后谢谢父亲这么多年的爱和宽容。

是从给自己缝那一针开始，他知道，所有的明天全要靠自己拼，只有经历过风雨，才能看到彩虹，而他，也由一个少年成长为香港的形象大使，历经十年，终成大器。

没有人会轻轻松松就成功，即便是名人的儿子。他付出的努力和艰辛都得到了回报。自己缝的那一针让他明白，疼痛，是青春必须的一步！

当我在班会上念完这篇文章之后，我从学生的眼睛里看到了青春的坚强和纯净的感激。我还用说什么吗？不，再说什么都是多余的！

华南师范大学的刘良华教授有一段很精彩的文字，虽然讲的是"德育故事"的作用，实际上，大而化之用在形容班会素材上也十分贴切：

好的素材，往往蕴涵着某种观念，而一种观念就是一种人生态度。

好的素材，能揭示生活的真谛，教人珍爱生命；能鞭挞人性的丑恶，教人洁身自爱；能警醒徘徊的心灵，催人奋发上进。

好的素材，不光能吸引学生的注意力，也能让学生从中明白道理、增长知识、发展智力、陶冶情操、美化心灵，促进学生的进步。

孙蒲远老师在《美丽的教育》一书中说："只有使学生相信并且感动时，我们的教育才有说服力。"班主任积累并运用那些丰富、鲜活、深刻的素材来设计班会，就是达到这一追求的有效途径。

三、班会随笔的德育功能

一次成功的班会必定能让学生斗志昂扬，热情高涨，信心十足，灵魂震撼。这是班主任应该追求的目标。但是，智慧的老子告诫我们："飘风不终朝，暴雨不终日。孰为此？天地而弗能久，又况于人乎？"意思是："狂风刮不了一早晨，暴雨下不了一整天。是谁造成了这样的情形呢？是天地。天地造成的情形都不能长久，何况人的那点力量。"高潮会消退，激情会冷却，这是自然的规律，也是人心理的规律。班主任不是经常遇到这样的情形吗？班会课上，学生情绪激昂，热血沸腾，班会课后不久又旧病复发，一如往常。所以，班主任既要重视班会的德育效果，又不能迷信班会的力量，如果没有后续的德育行为，很难有持久的德育效果。经过几年的摸索，我逐渐认识到，"班会随笔"是能够有效化解这一难题的"妙招"之一。

所谓"班会随笔"，指的是在班会课之后学生撰写随笔，班主任批阅，并通过私下的或公开的方式师生间进行交流的德育行为。学生写的班会随笔一般在班会之后的第二天交至班主任处，班主任用两到三天时间认真批阅，针对学生反馈的信息，师生之间进行书面的（班主任批语）、私下的（单独谈心）或公开的（课堂点评）交流。这样做下来，班会的德育效果就更具针对性、更加深入化，因而持续的时间也会更长。

显然，这种"后班会行为"一个最直接的效果是开辟了师生思想交流的新渠道。而且，这种渠道是多向的，学生撰写班会随笔是学生与班主任的交流，班主任批阅并就随笔中的内容单独谈心是老师与学生的交流，班主任有选择地在课堂上进行点评是学生之间、师生之间的共同交流。这样一个流程下来，能最大化地发挥一次班会的德育功能，同时还有利于班主任了解学生的思想状况和心理状态，为班级管理和开展新的德育工作提供有价值的信息，实在是一举多得。

另外，我觉得它还有一个更有价值的作用——学生自我教育的新途径。

其实，判断我们通过班会或其他形式开展的德育活动是否成功，一个最重要的标准就是看能否激发学生自我教育的意识，真正实现学生的自我教育。苏霍姆林斯基曾有过这样一段论述，他说："受教育者如果不建立一套自我教育和自我教养的制度，要确立正确人生观是不可想象的。自我教育是中小学生活中的中心问题之一。教学生自己教育自己，这是教育者对受教育者所要做的最复杂的一项工作。平常所说的培养自己的信念，实际上就是培养不违背自己良心的那种能力。为了使少年和青年男女确立这种极其重要的道德品质，教育者就应悉心地教导学生注意检点自己、观察自己。"他还坚持认为，"能激发出自我教育的教育，才是真正的教育。"

在班会之后撰写班会随笔，就是引导学生对班会的主题、内容、理念深入思考，并结合自身实际，进行自我省察、自我检视。在写的过程中，必然伴随着思考。思考的结果可能是理解、是接受,也可能是批判、是扬弃。其间,学生的表达得到训练,学生的情感得到抒发,学生的品质得到呈现,学生的思想得到升华,学生对自我的认知会变得更加深刻,对事物的认识会变得更加全面,这些都是自我教育的内容。这个过程,我称之为"德育内化"。就像牛吃草、人吃饭,通过思考和写作,学生将外在的德育材料、信息、观念,经过咀嚼消化,有用的吸收,转化为构建健康强大的精神世界的营养,无用的就排泄掉。也许你的这一节班会,具体到一个学生那里,只有一点点东西对他有用,他通过班会随笔,发现了,理解了,接受了,帮助他实现了自我教育的内容,那么,毋庸置疑,你就是成功的。如果每次班会都能有这样的效果,那么,毫无疑问,你将是一位成功的班主任。

比如,去年我教的是一个高三复读班,学生都是那年高考的落榜生,在开学的第一天,我开了这样一个班会——"终极三问"。

在西方有三个问题,对它们的不同解释演变成了整个一部西方哲学史,那就是:"我是谁?我从哪里来?我要到哪里去?"

"我是谁?"这是人对自身特性与本质的终极性思考,人之所以为人,人与其他万物的区别是什么?我之所以为我,我与其他人的不同是什么?只有通过对这个问题的解答,你才不再是人类的几十亿分之一,你才有了不同于任何人的独特意义!

"我从哪里来?"这是人对万物起源、人类产生的终极性思考,通过对这个问题的解答,你会对自己在这个世界里所处的位置有清醒的认识,既不会自卑到认为自己与蚂蚁一样渺小,也不会自大到认为自己就是救世主,就是万物的主宰。

"我要到哪里去?"这是人对生命的意义、人生价值的终极性思考,通过对这个问题的解答,你的人生才会有目标,你的生活才获得了价值。就像赛场上的千里马,只有方向对了,才不会跑得越快离目标越远。

实际上这三个问题不是一下子解答得了的,而且每个人的答案也都不会相同。通过对这三个问题的解答,我们才算是真正意义上的"人"!才算是过上了真正意义上的"人"的生活!

今天我也想问大家三个问题，只有用自己的智慧，靠自己的行动解答了这三个问题，你们这一年才不会浑浑噩噩，稀里糊涂地过去，才能用一年的辛劳雪洗六月的耻辱，用勤奋的汗水冲刷失败的泪痕。那就是：

你是谁？

这是什么地方？

你要从这里得到什么？

第一个问题是请你谈谈你以前的个性、习惯、方法、态度对今年的高考有什么样的影响。

第二个问题是请你认真思考"英才苑"（我校复读班名）到底是干什么的。

第三个问题是请你规划一下你在这一年里最想得到什么，是习惯、品质、成绩、信心还是其他的什么。

这是每一个高考补习生都必须面对并深入思考，从而给出明确答案的三个问题！请大家认真回答，在随笔本上写一篇不少于600字的文章。

以下是学生的随笔摘录：

芸芸众生中，我只是个小分子，铺在地上显不出我的翠绿，融入海中显不出我的蔚蓝。但我却要做那扎实的土地中的小草，在风雨飘摇中亦不畏艰险；但我却要做那狂风骇浪中的水滴，面对惊涛亦不退不缩。我会展现出最坚强的一面，用力吸收水分使自己饱满；我会飞舞在多情的浪尖，用激情碰撞出生命中熠熠闪光的火花。……我张开翅膀，迎接新的黎明；我拥抱困难，接受新的挑战。这就是我，一个自信向上、不畏艰险、充满希望和感恩的人！

泰戈尔曾说过："只有经历地狱般的磨炼，才能练出创造天堂的力量；只有流过血的手指，才能弹出世间的绝唱。"于是，我知道了，这是我经受磨难的地方，这是我弹奏美妙音乐的地方。这里不是地狱，不是天堂，这是实现梦想的地方，多少失落后又燃起希望之火的学子来到这里，用他们的努力和汗水让这方土地变得具有鲜活的生命。梦想从这里起飞，我将与这个伴我成长的地方风雨同舟！

——陈凌云

来到这里，我最想得到的便是明年理想大学的录取通知书。当然，还应该从这里得到一些人生的启迪，为自己的人生之路奠定基础。我要从这里得到的最重要的还是快乐的生活,不论自己一帆风顺还是遇到挫折,都应该如此。曾经看过一篇文章,说"本来活着就是幸福,快乐地活着更是幸福"。现在想想,的确如此。在这一年辛苦繁重的学习中,我还要得到的便是坚强和毅力,谁都无法预料自己将会在今后的生活中遇到什么困难,坚强地面对一切是我必须要学会的。

——韩孔艳

这是一条我从未走过的路,这是一条充满了艰辛和挑战的路。所以我用"xin路"来作为这篇随笔的题目,因为我无法确切地定义它,因为它是集"心、欣、辛、新"于一体的,我将欣然地、用心地将这条充满艰辛,这条我从未走过的全新的路走到终点。

……

因为向往,所以选择远方。

因为无依无靠,所以必须坚强。

——杨振亚

这是什么地方?济源一中,学习的地方,而我更愿意将它比做一个战场。这是一个没有硝烟但竞争异常激烈的战场,每天的起床钟敲醒熟睡的我,我就开始了一天的与时间的赛跑,与自己的懒惰做斗争,与自己的意志联手,将汗水洒在我走过的每一个角落。……看着窗外密布的乌云,所有的失败感会一起向我袭来,时刻提醒我,历史虽已经成为过去,但它犹如一道疤痕,即使我已不感到疼痛,但它却真真切切地存在!

——赵智辉

经由这次班会以及随之而来的班会随笔写作,学生开始痛定思痛,总结了自己在高三应届时学习上、思想上、情感上等诸多方面的优缺点,尤其是对那些严重影响自己高考成绩的因素进行了入木三分的剖析。就像医治痈疖,只有挤出浓血、剔去腐肉,方可敷上新药,慢慢调养。同时,学生的自我总结,本身就是一种自我教育。学生找到自己的问题之后并没有意志消沉,情绪沮丧,而是激发了从头再来、一雪前耻的斗志。这些文字的价值还不止于此,这是我们师生第一次进行文字交流,作为班主任,我在仔细批阅这些充溢着真情实感的火热的文字时,一方面予以鼓励给学生加上第一次油,另一方面可以了解每个学生的情况,为以后的工作提供很多宝贵的信息。

所以,我认为班会随笔绝对是一笔宝贵的德育资源,为了将它的德育功能最大化地发挥出来,通常可以有以下举措:

第一步是逐个批阅。班主任在批阅时绝不能只写一个"阅"或"好",这样简单化的处理,会使你失去学生的信任,也关上了师生交流的大门。班主任一定要认真阅读,发现学生的优点与缺点,理解学生的欢乐与悲伤,思考改进和提高的办法,给出恰当的建议和鼓励。这样才是负责任的做法,才是赢得学生心灵的办法。

第二步是单独谈心。每次批阅时要做必要的记录,整理出需要当面鼓励指导的学生名单,然后找时间跟学生单独谈心,更加深入地了解学生的思想状况和现实困难,聆听他们的倾诉,理解他们的困惑,当面表达对他们的欣赏和同情,释放出愿意与他们一起面对困难的信号。这将是对学生莫大的精神安慰和情感支持,也是能够激励学生积极进取的巨大动力。

第三步是公开反馈。挑选出具有典型性、深刻性的随笔,在事先征得作者同意的情况下,利用自习或班会在全班同学前朗读并做必要的点评,或者将相关内容打印后贴在教室里,回应学生随笔中提出的问题,树立身边的榜样。这对作者是一种强有力的激励,同时也是对全班同学的再教育。

经过这样一些措施,班会随笔的德育功能才能发挥得淋漓尽致,一次班会的德育功能会被放大数倍,持续更久,影响更深入。

四、润物无声的德育渗透

从走上高中语文教学岗位至今,我几乎每次上课前都会跟学生共同欣赏一篇美文,每周一个主题,如"宽容"、"平等"、"亲情"、"信念"等,每一篇之后我还要写上一段"子曰师云",将自己读后的感受和想法跟学生交流。一个主题结束后,我就把这些文章打印出来装订成册,在学生中间传阅。最初的目的只是激发学生的阅读兴趣,拓宽学生的阅读面,帮助学生积累语言材料和思维材料。后来,我在"教育在线"的"班主任论坛"上,以"美文荐读"为主题建立了专帖,每日更新。德育特级教师张万祥老师看到之后,回帖说:"小兵的这个帖子生动有趣,富有哲理,引人深思,这样的材料喜闻乐见,这样的教育深入人心。小兵的智慧,真好!"其他网友也纷纷留言要求将电子稿发给他们,说是很多文章可以用作班会的素材,给学生以思想道德教育。至此,我才意识到,原来这些文章还有这样的功能呀!从此,我在选择时更加用心、更加谨慎,越来越重视挖掘文章的德育功能,并开始自觉地利用语文课堂这一阵地,探索语文教学的德育渗透途径。我认为这是另外一种灵活机动、扎实有效的德育形式,是对班会或德育课的有益补充。

时至今日,我愈发认识到在学科教学中进行德育渗透的必要性与重要性。

(1) 它体现了新时期德育工作的明确要求。国家教育委员会1995年颁布的《中学德育大纲》强调,"各科教学是向学生进行思想品德教育的最经常、最基础的途径,它对培养学生的思想道德素质具有重要的作用,因此,各科教师均要教书育人,寓德育于各科教学的教学内容与教学过程的各个环节中。"2004年发布的《中共中央国务院关于进一步加强和改进未成年人思想道德建设的若干意见》也明确指出,"日常教学是德育最基本、最经常的形式,教师人格示范的德育力量以及教师教学中所产生的德育效果具有潜移默化的作用,学生知识涵养的增加和人格的成长也应统一于日常的教与学之中。这是教育的客观规律。"可以说,任何学科都应义不容辞地承担起德育的任务,因为德育蕴含在一切教学活动之中。

(2) 它是落实新课程标准的具体做法。新一轮课程改革把"情感、态度、价值观"作为教育目标的重要组成部分。培养学生具有丰富真挚的情感,掌握科学端正的学习态度和人生态度,树立正确的价值观,这一切不是德育内容又是什么呢?各学科的《新课程标准》更是首先强调了本学科的德育目标。《普通高中新课程方案导读》一书中指出,真正的"人"的健全必须同时在三个维度上发展,即知识、身体和人文。现代教育必须强调人的价值和人的尊严,因而,教学的重要任务应该是提升"生命生活质量",关注人的"灵魂建设",而我们的各科教材中都蕴含着丰富的德育内容,因此如何有效地、科学地挖掘教材中的德育内涵,将德育内容与学科知识有机地结合,也就成为学科教学的题中应有之义。

(3) 它也是由德育工作的特性决定的。德育工作区别于智育的一个重要特征就在于,德育越是了无痕迹,效果越是突出。"润物无声"当是德育工作的最高追求。原中央教育科学研究所所长朱小蔓教授有一个比喻,她认为,德育是"盐",人不吃盐不行,但也不能单独吃"盐",必须把盐溶解在各种食物当中吸收,我们在吸收盐的时候,是看不见盐的,因为它已经溶解到了各种食物当中。因此她认为德育应当是一种"无痕的教育"。在学科教学中进行德育渗透,理应成为兼具任课教师和德育工作者双重身份的班主任的重要追求。而且,我相信,越是能将两者结合得好的班主任,他的德育工作越是成功。

那么,作为具有任课教师和班级组织者与管理者双重身份的班主任,应当如何在自己的学科教学中进行有效的德育渗透呢?

1. 深入钻研教材,挖掘德育资源

中小学的文科类课程有着丰富的历史与人文、思想与政治、艺术与哲学等教育内容,可以使学生广泛了解中外历史与文化,增强民族自豪感和自信心,形成积极的情感体验和价值认知。中小学理科类课程要积极挖掘科学技术的人文内涵,进行科学精神、科学方法、科学态度的教育。这些都是德育的富矿,班主任完全可以根据自己的学科特点,深入钻研,提炼出金子。

我曾经见到一位教中学历史的班主任在讲唐朝的对外关系史时做过的成功实践。他讲道,唐代的中国,经济、政治、科学、文化均在世界处于领先地位,有不少日本人,如阿倍仲麻吕、空海等到唐朝学习,但他们不是为了个人的利益而学,而是学成回国后,传播中华文明,在促进日本文化发展等方面做出了伟大的贡献。中国鉴真、玄奘两位高僧,为了弘扬中华文化,为了追求学问,放弃安逸的生活,长途跋涉,飘洋过海,忍饥挨饿,担受风险。这种为了求学、为了文化交流、不顾个人安危的忘我精神,值得后人敬仰。唐代中日文化交流的史实给人们以丰富的启示：一个人，只有虚怀若谷，求知若渴，才能增益学识，成就事业；一个国家，只有政治稳定，经济繁荣，文化发达，才会受人敬仰；一个民族，只有胸怀宽广，视野开阔，如海纳百川，如登高远眺，才能持久屹立于世界民族之林。我觉得，在这样的历史老师兼班主任的教导下，学生更容易形成高远的志向、深邃的思想，成为一个精神世界丰富精彩的人！

我也见过一位数学教师在教学中进行德育渗透的规划：通过学生对数学知识的叙述表达、分析探讨、总结归纳，培养学生的理性思维；通过优美线条的几何组合，激发学生热爱建筑构造的设计热情；通过介绍中外数学发展艰难而光辉的历程，培养学生学科学、爱科学、追求真理的精神；通过数学家及科学家的故事材料，培养学生勤劳勇敢、追求上进的思想作风；通过充满集体主义的合作性学习，培养学生热爱集体、团结互助的思想。如果我们的数学老师都能像这样扎实而创新地开展教学，学习将变成一件多么幸福的事情啊！

2. 根据教学内容的实际，确立合适的德育目标

并不是教师提炼出来的所有的德育资源，都适合此时此刻的德育要求，要有所选择，有所侧重。这种选择侧重的标准是教学需要和学生需求。下面是贵州省余庆县何先卉老师的精彩案例：

《胖乎乎的小手》是人教版一年级下册的一篇课文。在教学这篇课文时，带着培养孩子热爱家人、关心家人、热爱劳动的情感目标，我在课堂上问了小朋友们两个问题：小朋友们有没有像兰兰一样给爸爸拿过拖鞋、为妈妈洗过手绢、给奶奶捶过背？有没有为家里人做过其他什么事情呢？结果大多数小朋友或多或少用自己的小手为家人做过一些事情，有少数特可爱的孩子说因为爸爸妈妈不让自己做，所以没做过。了解到这些情况，我想起了一则著名的公益广告，其中有一句广告词是："妈妈，请洗脚！"我刚把这句话说出来，就有小朋友举手："老师，我知道！"我请这个小朋友叙述给班上的同学听了之后，发现有一个同学捏鼻子扇风，还说："好臭，好臭！"孩子的这种单纯可爱我是喜欢，

但不能让他们嫌弃干农活的父母啊！所以，我请小朋友说说爸爸妈妈的脚为什么臭。很多小朋友说干活多了有汗就会臭。为什么要干那么多活呢？有小朋友就说："因为爸爸妈妈要多干活挣钱给我们零花钱，给我们买衣服……"喔！原来是这样啊！都是为了我们！小朋友们都知道了。还有谁知道我们是小婴儿的时候，尿湿了、拉脏了裤子，是谁给我们洗的呢？小朋友们明白了：喔，原来还是爸爸妈妈、爷爷奶奶给我们洗的啊！我们没有认真关心过爸爸妈妈，我们嫌弃爸爸妈妈脚臭，是不是不应该啊？

　　突然，我发现一个小朋友眼睛湿漉漉的，一副很难过的样子，原来他是觉得自己在家没有好好关心爸爸妈妈，对不起爸爸妈妈。那一刻，我都被他湿漉漉的眼睛感动了，他一个7岁的孩子能想到这些，能为此伤心难过得掉眼泪，我想，这是难能可贵的。他湿漉漉的眼睛感染着我和班里的每一个孩子。我相信，很多年后，我们还会记得他的名字，还会记得这个孩子给我们上了这么生动感人的一课。这让我更加坚信：我们的每个孩子都可以在德育中把心灵塑造得更加美好。

　　这次德育渗透之所以成功，很大一部分原因是何先卉老师"培养孩子热爱家人、关心家人、热爱劳动的情感目标"设计得非常合适，与课文的内容主题联系紧密，易于启发学生联想和思考。再加上何老师的循循善诱，一下就打开了学生记忆的闸门和情感的出口。当那个7岁的小朋友因为自己没有"好好关心爸爸妈妈"，竟然难过得掉眼泪时，可以说老师的德育目标已经实现了。

　　我们还可以看看一所学校体育教学的德育目标：体育教学，不仅仅要让学生具有健康的体魄，还应该通过体育锻炼，让学生以身体的健康强壮达成精神的坚忍顽强；更要培养学生的竞争意识与团队精神，养成健全的人格；还需要根据学生的兴趣特长，培养一种伴随他们一生的体育活动爱好，促成其形成健康的生活方式，提高他们未来的生活质量。我认为，这才是体育中"育"的真正内涵。

3. 在实施教学之前，班主任还要精心设计，把握渗透的时机

江苏省张家港市的罗建宇老师对此有一段阐释，给我很大的启发，他说："渗透的方法、形式、时机都应利于创造最佳的渗透氛围，即学生认知与接受的最佳心理。不能为了渗透而置教学目标和教学任务于不顾，牵强附会，强行渗透，也不能只顾及教学，对德育或敷衍了事或事过境迁才勉强渗透。这样都会破坏课堂教学的整体效应。"我们先要在教学中启发学生的思维，让学生对某一问题展开思考，当大家的积极性已经被充分调动起来的时候，再通过学生的叙述讨论，加上老师必要的引导和点拨进行渗透。

在学习晋代散文名篇《陈情表》的时候，我先让学生就"什么是孝，如何尽孝"两个问题展开思考和讨论，学生们从不同的侧面谈了自己的看法。然后，我让学生看课后练习三《孝经·开宗明义章第一》中的这段话——"身体发肤，受之父母，不敢损毁，孝之始也。立身行道，扬名于后世，以显父母，孝之终也"，要求学生将它翻译成白话文，并谈谈自己对它的理解。在学生的表述和我的补充中，师生获得了一个共识——这实际上就是古人对这两个问题的回答，用现代眼光来看，就是要爱惜自己的身体，珍惜自己的生命，我们的身体是母亲十月怀胎，一朝分娩、含辛茹苦养育而成的，一旦受到伤害或者轻易舍弃的话，最伤心难过的还是父母，这就是"不孝"。因此，珍爱自己就是"孝之始也"，是尽孝的开始和起点。能在社会上安身立命，做一个正直的人，有所成就，有所贡献，父母也会为你感到荣耀。这是"孝"的最高表现，此谓"孝之终也"！这一"始"一"终"，是对生命的珍视与发扬；有"始"有"终"才算真正懂得了"孝"的真谛！这样既加深了学生对课文的理解，又强化了学生对父母的感恩意识。

在我目前并不算长的教学生涯和班主任工作经历中，我一直坚持这样进行德育渗透，最初是不自觉的，后来是有意识、有计划的。时间久了，这种德育方式对学生的精神面貌和性情品质起到了一定的作用，我们班任课老师都觉得学生知礼守纪，品行端正，富有爱心，对此我也深有体会。在一次班会上我给学生读了自己的一篇随笔《做你们的老班是我的幸福》，文中记录了许多

学生对我这位"老班"的关心和爱护：学生会在我感冒的时候自觉地关上风扇，宁愿自己热一点；一个学生在天气干燥时提醒我"应该多吃点水果"，还送了我一个苹果；班长在我因母亲生病回家探亲的时候不仅将班级管理得秩序井然，还不忘询问我母亲的病情，并安慰我："班里很好，不要担心，祝您平安归来！"

我相信，如果我们坚持不懈地通过各种方式进行德育渗透的话，不仅能够培养出善良有礼、心性淳厚的学生，还能够越来越多地感受到做班主任的幸福。

五、巧借任课教师之力

就像每一门学科中都蕴含着丰富的德育资源，每一位任课教师也都是一笔宝贵的德育资源。不过，由于任课教师的身份与作为班级组织者和管理者的班主任还是有些不同，所以，他们的德育作用的发挥往往不像班主任那样自动自发，意识强烈，目标明确。这就需要班主任开动脑筋，想出办法，让任课教师也参与班级的建设和管理，发挥他们身上那种独特的无可替代的德育作用。让任课教师走进班会就是一种比较可取的办法。

（1）第一种方式是让任课教师参与班会。班主任可邀请任课教师参加班会，赋予任课教师一定的角色，发挥一定的作用。由于学生平时更多是在课堂上与任课教师接触交流，这样做更能激发学生的兴趣，提高学生的参与热情。比如，我就曾邀请部分任课教师与学生共同担任班级辩论赛的评委，并做赛后点评。学生在班会上从任课教师那里听到对自己的评价——无论是赞扬还是建议——都更乐于接受，更感到满足。

我还安排过这样的活动，让各科课代表邀请本科任课教师担任期中考试表彰会的颁奖嘉宾，并做鼓励性发言。当成绩优异的学生、进步较大的学生，特别是获得该学科最高分的学生，从任课教师手里接过奖品的时候，我发现他们眼中闪烁着具有不同含义的光芒——学生是感激，老师是赞赏，令人激动！坐在台下的学生更是掌声雷动！颁奖结束后，老师们每人送给大家一段寄语，并做简短演讲阐释这句话的含义，由于有了前面那一举动的铺垫，这个环节更是收到了意想不到的效果。老师们的讲话有的幽默诙谐，有的语重心长，有的言简意赅，有的意犹未尽，无不深深打动着学生的心灵。例如：

数学老师寄语——每一份发奋努力的背后，必有加倍的赏赐。

外语老师寄语——你可以这样理解 impossible——I'm possible。

化学老师寄语——希望可以提升热忱，毅力可以磨平高山。

生物老师寄语——自己打败自己的远远多于被别人打败的。

物理老师寄语——行动是成功的阶梯，行动越多，登得越高。

语文老师寄语（班主任）——路虽远，行则必至；事虽难，做则必成！

(2) 第二种方式是让任课教师主持班会。班主任应该积极主动地邀请任课教师主持班会，因为班主任并不是"包打天下"的"全能冠军"，囿于学识、专业、眼界，有些工作确实需要任课教师来做才能取得最佳的效果。

比如，学生进入高二分了文理科，我做了理科班的班主任，可是教语文的我对数理化生的学习方法实在不敢置喙，虽然也能从网上找到相关的资料或向任课教师请教然后再传授给学生，但放着现成的"专家"不用，这岂不是舍近求远！于是，我和各科课代表策划了一个主题为"问学"的系列班会，每次邀请一位任课教师（包括语文、英语教师）走进班会，讲授本学科的内容特点、学习方法、高考要求等，并回答学生的疑问。这样做，一下拉近了师生间的距离，学生们得以释疑解惑，找到了努力的方向，信心大增；老师们看到了学生的学习热情和求知欲望，也深感任务艰巨，责任重大，工作起来更是干劲十足。就这样，在师生的共同努力之下，我们班学生的成绩一直名列年级前茅。

如果不将任课教师请到班会课堂上，而是由我来越俎代庖，喋喋不休，可以想象会是什么样的结果。

其实，巧借任课教师之力，发挥他们的德育作用，带来的好处远不止于此。作为大大地从中得到过"好处"的班主任,我现将收获的好处"坦白交待"如下。

1. 调动任课教师参与班级管理的积极性、主动性

前面说到过,任课教师与班主任在班集体中的角色身份还是有些差异的,他们参与班级管理的积极性肯定比不上班主任,往往是出了问题才找到班主任。但是,班主任不是"三头六臂",能了解到的情况有限。更何况,有些学生在班主任面前和在任课教师面前会有不同的表现。这些无疑都增加了班主任的工作难度。如果任课教师能积极主动地参与班级管理,及时充分地与班主任沟通,做好部分学生的工作,那么,整个班级的情况一定会越来越好。班主任邀请任课教师走进班会,参与甚至主持班会,既能让任课教师体会到你对他们的尊重,也能让他们感受到你的诚意。当他们看到自己在班会上的言行能够得到学生的拥护,改进学生的学习,这种内心的满足感会转化为进一步参与班级建设和管理的动力。这样,班主任与任课教师同心同德,是班级工作高效、成功开展的重要保障。我就发现,"问学"系列班会之后,任课教师主动与我交流的多了,向我发牢骚的少了;主动找学生谈心的多了,冲学生发火的少了。

2. 弥补班主任自身的不足

"人无完人,金无足赤",每个人都会有一些不足,班主任也不例外。这些不足,有的勉力弥补却远水解不了近渴(如前面提到的班主任的"学识、专业、眼界"),有的根本无法弥补(如班主任的"性别、年龄"),因此必须借助任课教师的力量。哪位班主任要是认识不到这一层,"不足"就会变成"缺点",对班级工作的顺利开展不利。策划"问学"系列班会,正是为了弥补我的不足。还有一次经历,更是让我认识到任课教师在弥补班主任不足方面的无可替代的作用。我工作第一年,带高一的新生,有一天上课,我突然发现一个女生在座位上动来动去,满脸恐惧和痛苦的表情,我走过去问她是不是生病了,她却立刻趴在课桌上放声大哭起来,我一下手足无措。这时,我们班

的团支书（一个女生）走过来，悄悄对我说："老师，你把某某老师（是位中年女教师）叫来吧！"我不解地看了看她，但还是马上把这位老师叫来了。这位老师来到那个女生身边，悄悄地问了几句，就把她带出教室了。事后，这位老师告诉我这个女孩第一次来月经，吓坏了，其实没什么事。然后，她又跟我说，据她了解班里还有个别女生没有来月经，有些女生虽然来了，但不太知道如何保健，于是她说："不如这样，这一周，你找个时间把男生带到操场上去玩，我在教室里给女生讲讲吧！"刚大学毕业、二十出头的我，红着脸听她说完，感激地点点头。至今回忆起这件事，我一方面对这位负责任的好老师心生敬意；一方面深感任课教师在弥补班主任不足上的重要性。

3. 发挥任课教师的个人魅力

任课教师走进班会课堂，对学生而言，会让他们感到新鲜；对任课教师而言，是发挥他们个人魅力的很好的平台，而且这种魅力区别于平时上课的情形，对学生更有感染力。我带复读班时的生物老师是一位文采飞扬的女教师，很有亲和力，在学生中颇受好评，经常帮我做学生的思想工作，效果很好。开学两个多月后，我为了继续鼓舞学生的学习热情，邀请她给学生上一节班会课。她也十分重视，为此专门写了一篇散文——《凝望玉米地》，深深地打动了学生和我，德育效果自不待言：

在我们教学楼的东面有一块玉米地，这是一件很奇特的事情，因为我们学校并不是在偏远的农村，而是位于新的行政和商业中心，不过，由于整个新区都在原来的郊区，而且远没有建设完成，所以身居"闹市"却可以欣赏到田园的风物，幸甚至哉！

我们是补习班，学校的建设规划中并没有为之设计与其他年级一样的独立教学楼，教室只好高居实验楼的四楼。走廊在教室的东面，所以一出教室就可以看见那片相隔一道栅栏和一条马路的玉米地。它算不得广阔，不过由于学校密集的建筑的阻挡，也看不见它北边的边际，这样反而留下了想象的空间，甚至有点无边无际的错觉。它开阔坦荡的气象似乎与教室里紧张局促的氛围形成了让人羡慕的反差，于是，在课间总有不少学生驻足远眺，大概觉得还足以游目骋怀吧!

　　现在已是深秋,早上天亮得晚,看不清玉米地的模样,不过借着微弱的月光可以知道地里黑色更浓的那一片是一排瓦房,旁边更高的一团黑色是树林。随着时间的推移,天也慢慢明了,在玉米地的东方出现一片五彩的光亮,颜色很淡且交织在一起,没有分界不知过渡,越仔细越分辨不清。早读快要结束的时候天就更亮了,五彩的光亮慢慢融合在一起,变成了深浅不一的红,从橘红到浅红到深红到玫瑰红,最后是带点金黄色的明亮的红,在它的怀抱里安然地卧着一轮胭脂样的太阳。这时玉米地就完全显现出来了,已是收获结束,地里只剩下枯黄的秸秆,有的地方已经被辛勤的农人平整翻新过,露出红褐色的土地。有时还能闻到那泥土和秸秆混合的带些腥气的清香,让人直欲漫步其间,攥一把潮湿的泥土置于鼻尖。这两天天气晴好,每天早上都会有地里蒸发的水汽和秋晨的露珠混合而成的雾气,袅袅升起,停于树间,好似一条玉带,欲动又止,欲去还留,飘飘然让人有出尘之想!

　　看到现在萧疏的样子不禁想起在两个多月前,刚开学的时候它还是葱葱茏茏的,宽大的叶片随风起伏,偶尔露出玉米的金黄,让人欣慰,为它密集自然的绿色,也为它即将到来的收获。

　　这片玉米地也进入了学生的视野和心田,不少学生在班务日记里都提到了它。他们从一开始就用自己那份承载着失落与痛苦、懊悔与迷茫、理想与抱负、不屈与顽强的心灵来观照这片土地,竟然体会到了一些象征的意味——今年在本该收获的时候,我们陨落了,玉米地,你成为对我们的讽刺;明年的这个时候,我们定要颗粒归仓,玉米地,你就是我们的理想!

4. 建立更加和谐的师生关系

　　将任课教师请进班会课堂,为师生深入交流提供更有效的平台,可以促进师生互相理解,增进师生感情,建立更加和谐融洽的师生关系。记得有一次班会是英语老师与学生"面对面",有一个女生站起来直言不讳地说:"老师,您的课上得很棒,作业批改得非常认真,我们都很感激。可是,有一点同学们不太满意,最近自习课上我们想向您请教问题时,经常找不到您!"英语老师听了微微一怔，然后满含歉意地说："谢谢你的批评！这一段时间我婆婆生病了，上完课后我都要马上回家照顾她，所以在学校的时间就少了……"听到英语老师真诚的道歉，我坐不住了，站起来说："同学们，你们对待学习的认真精神值得鼓励。英语老师家里的情况，我了解一些。她的丈夫在外地工作，一年到头很少在家，孩子刚上小学，平时都是婆婆里里外外地忙。现在她婆婆生病，她既要照顾老人，又要照看孩子，还要工作，所以难免力不从心。但是大家也都看到了，老师她从没有请过一天假，从没有少批改一次作业，这种坚强敬业的品格不正是值得我们尊敬的吗？"说完，我带头为英语老师鼓掌，学生马上也卖力地鼓起掌来！刚才那个提意见的女生，不好意思地站起来说："老师，对不起！"英语老师也站起来说："不用！谢谢你，谢谢同学们！"我看见英语老师的眼睛湿润了……

俗话说得好："一个篱笆三个桩，一个好汉三个帮。"开班会，做学生的德育工作，不是班主任一个人单打独斗就能完成的，如果你掌握了借助于任课教师的方法，你就会感到更加得心应手，更加从容不迫。

六、幽默也是一种力量

幽默是一杯清茶：滋润你的心田；幽默是一块奶糖：让你倍感甜蜜；幽默是一阵清风：让你展开笑颜；幽默是一抹阳光：为生活增色添彩；幽默是一场演出：彰显你的魅力；幽默是一种力量：让你绝处逢生。

生活不能没有幽默，就像饭菜不能没有食盐，偶尔一顿没有不要紧，一直匮乏将难以忍受。

生活中的幽默能化解尴尬，消除矛盾。一次，在行驶的公共汽车上，当汽车紧急刹车时，车上站着的小伙子不由自主地撞到前面一位姑娘身上，姑娘很生气，出言不逊地骂道："瞧你那副德性！"小伙子幽默地回敬道："对不起！这不是德性，是惯性。"乘客们哄然大笑，姑娘羞愧不已，一场风波就这样在笑声中化"干戈为玉帛"。

生活中的幽默能给人留有余地的同时，机智地表达自己的观点。餐厅里，一位顾客点了一杯啤酒，却突然发现啤酒里有一只苍蝇，怎么办？他向侍者说："以后请将啤酒和苍蝇分别放置，由喜欢苍蝇的客人自选将苍蝇放进啤酒里，你觉得如何？"他的这种表达不满的方式就是一种幽默的艺术。

生活中的幽默彰显的是一种乐观豁达的人生态度。有一次，美国总统西奥多·罗斯福家中被偷了。他的朋友写信安慰他，他在给朋友的回信中说："谢谢你来信安慰我，我现在很平静。这要感谢上帝，因为：第一，贼偷去的是我的东西，而没有偷去我的生命；第二，贼只是偷去了我一部分东西，而不是全部；第三，最值得庆幸的是：做贼的是他，而不是我。"拥有乐观的人生态度是幸福的支柱。而幸福是乐观要抵达的目的地，要想使自己幸福，就要首先具备乐观的精神、幽默的心态。

有人说，没有幽默的人就像没有弹簧的马车，路上每一块石头都会对他造成颠簸。确实如此，幽默这人生之车的弹簧会帮我们在人生之路上太紧张时松弛一下，太松弛时紧张一下，保佑我们一路平安。有幽默感可以说是有了一份生活的安全保险。

同样，班主任的德育工作也需要幽默。苏联教育家米斯维达诺夫说："教育家最主要的也是第一位的助手是幽默。"班主任用幽默的方式将严肃的德育内容表达出来，天然地令人易于接受，同时还能增加教育的情趣，融洽师生关系。

德育中的幽默，它的形式必然是机敏睿智的，而机敏睿智最能启迪人心。

有一个学期我的课几乎天天在下午，学生状态很不好，尤其是下午第一节，有几个学生经常是一睡不醒。看着他们睡眼惺忪不知今夕是何年的模样，我哭笑不得，我推了一下其中一个，他居然眼都没睁一转脸接着睡。我已经是气不起来了，走到讲台上说："我觉得咱们要向那些不畏酷暑严寒、酣睡不已的同学表示崇高的敬意和由衷的感谢！"学生听了开始发笑，那几个睡觉的也都被同桌推醒。"我先给大家讲个笑话……"一听讲笑话，学生们顿时抬起了头，那几个睡觉的也来了精神，"一位大学教授上课，教室里乱哄哄的实在讲不下去了，只好停下来，说：'后面打扑克的同学，如果你们能像前面看报纸的同学那样安安静静的话,就不会影响中间睡觉的同学了!'"学生先是一愣,然后哈哈大笑。等笑声渐稀,我接着说:"所以,我们要一起感谢那些在课堂上睡觉的同学,只要他们不打呼噜就既不会影响我讲课,也不会影响你们听课!"学生又开始笑,那几个刚才睡大觉的同学也不好意思地笑起来。从此以后,我在上课的时候再也见不到他们酣睡的样子了。

德育中的幽默,它的灵魂是关心爱护,而关心爱护最能感化人心。

有一天语文测试时,我发现教室后面黑板上面贴的各科测试答案上被学生写了一些粗俗的语言。我知道这是学生的恶作剧,没必要追查到底是谁写的,但是这种行为发生在高中生身上显然既幼稚又愚蠢,不能不加以警告和批评。于是,在考试结束的时候,我开了一个临时的短班会。首先我笑着说:"现在,大家题都做完了,我给你们讲几个故事吧……"学生一听来了精神,一个个昂起头,兴奋地看着我。

"苏轼是一位美髯公,中年以后还挺着个大肚子,一天他抚摸着自己的肚子问侍妾朝云:'你知道我这肚子里都是什么吗?'朝云看了看苏轼,笑着说:'我看啊,学士一肚皮不合时宜!'苏轼一听哈哈一笑,得意地说:'知我者,朝云也!'熟悉我的人都知道,我参加工作最大的变化就是体重以每年10斤的速度飙升(学生先是惊叹,继而大笑),有同事开玩笑地问我:'你的肚子里都装了些什么,越来越大?'我说:'一肚子典故!'"(学生又是哈哈大笑)

"今天就给大家讲两个关于苏轼的典故。大家读初中的时候都学过《核舟记》,在那核桃之上刻的两个人物,一个是苏轼,一个是……"(有反应快的回答"佛印")"对,佛印,他是一个憨态可掬、'绝类弥勒'的老实和尚,可是,在他面前,文思敏捷、谈锋颇健的苏大学士却很少占到便宜。一次二人泛舟江上,饮酒游览,苏轼看到岸边有一只大黄狗在啃骨头,就指给佛印看,一边还坏坏地笑着。佛印一看马上便知这个促狭鬼玩的是什么花招,于是将手中苏轼题诗相赠的折扇随手扔到江中,苏轼一看马上明白过来,尴尬地笑起来。你们猜他们在打什么哑谜?"(有学生大概看过,开始小声议论起来)"就这一指一扔就对出了一副精妙绝伦的对联,上联是'狗啃河上

(和尚)骨',下联是'水流东坡诗(尸)'。"(学生马上反应过来,哈哈笑起来,还夹着不断的赞叹)

"还有一回,两人在一起参禅打坐,定性收心之后,苏轼问佛印:'你刚才对着我参禅时看到了什么?'佛印不动声色地说:'我看到一尊佛。'苏轼哈哈一笑,笑完之后说:'我看到一堆屎!'回到家之后,苏轼还得意地对自己妹妹说:'佛印那老秃驴这次可栽到我手里了!'苏小妹不禁问他怎么回事,苏轼如此这般一说,小妹冷笑一声:'哥哥,你还在高兴呢,你又着了佛印的道儿了!'苏轼不解地问:'怎么会呢,我都骂他是一堆屎了,他还赞我是一尊佛!'小妹又是一声冷笑:'亏你还是学富五车的学士,禅宗讲究的是明心见性,佛印心中有佛所以看谁都像一尊佛,而你看到一堆屎,那么你心里装的是什么呢?苏轼一听羞愧难当。"(学生听到这里早已笑作一团)

(等大家笑声渐稀,我接着说)"刚才我发现后面黑板上面贴的各科训练测试答案上有学生写上了一些粗俗的语言。这不算幽默,连恶作剧都算不上,那么直白,那么恶俗,就是小学生也不会这样做的,顶多是学前班小朋友的水平,他们讨厌谁就在墙上写'××是大坏蛋','××是小狗'。谁知咱们高中生还会写出这样的文字,跟苏轼、佛印比,简直就是在糟蹋咱们伟大的汉字!"(学生大笑)"还有就是人的言语和行为都是内心修养的流露,写出那么幼稚的词语,只能说明自身的幼稚!"(有的学生依然大笑,有的若有所思)

事后我想,如果为此大动干戈,就算查了出来,也会让这些学生大失面子,他很可能不仅不会认识到自己的错误,理解班主任的良苦用心,说不定从此走到我的对立面,班主任的关心爱护之意不也就荡然无存了吗?

因此,幽默这种以愉悦的方式表达人的真诚和善意的方式,显得十分可贵。它像一座桥梁,拉近人与人之间的距离,填补人与人之间的鸿沟。富有幽默感的班主任,心态健康阳光,学生会觉得可亲可敬,师生间的距离在无形中也会很快缩短。苏霍姆林斯基说,"如果教师缺乏幽默感,就会筑起一道师生互不理解的高墙。"中国有句俗话,"亲其师,信其道。"一个懂得幽默的班主任,他的德育工作往往能事半功倍。

但是，作为班主任也需要注意，在想要幽学生一默的同时，一定要注意自己的语言和表达方式，千万不能让人感觉到是一种挖苦和讽刺，否则只能事与愿违，甚至激化矛盾。

歌德有一次出门旅行，走进一家饭馆，要了一杯酒。他先尝尝酒，然后往里面掺水。旁边一张桌子坐着几个贵族大学生，也在那儿喝酒，他们个个兴致勃勃，吵吵嚷嚷，让周围的顾客不得安宁，令人生厌。当他们看到邻座的枢密院大臣、著名诗人歌德往酒里掺水时发出了嘲笑的怪叫声。其中一个觍着脸问："亲爱的歌德先生，请问你为什么往酒中掺水呢？"歌德回答："光喝水使人变哑，池塘里的鱼儿就是明证；光喝酒使人变傻，在座的先生们就是明证。我不愿做这二者，所以把酒掺了水再喝。"

歌德的回答不可谓不幽默，批评不可谓不机智，但这种批评德高望重的歌德先生可用，班主任尤其是年轻班主任则不可轻用！

幽默是一种很有技术含量的教育艺术，如果在班会中或平时的讲话中，班主任能恰到好处地幽默一下，那它发挥出的德育的力量将是巨大的！

七、道歉也是一种力量

班主任最不欣赏的学生，大概要数那些犯了错误仍千般狡辩万般抵赖的学生了。因为那样做，显示了他既缺乏承认错误、承担责任的勇气，又没有真诚的品质和坦荡的心胸。可是，我们班主任是不是也要反躬自省，当我们在工作中，尤其是与学生交往中，出现了过失时是否一定有勇气坦诚面对并及时道歉呢？如果我们自己都缺乏这些宝贵品质的话，又怎能奢望学生必须具有呢？李镇西老师说"最好的管理是示范"，语言很浅显，内涵很深邃，意思是如果你想让你的学生做什么，那么你自己先做到，你做好了，做多了，学生自然而然也就会照着样子去做，至少他知道了怎样做是对的，怎样做是错的，是非观念已然确立。古人所谓"言传身教"，说的正是这个道理。

俗话说"人非圣贤，孰能无过"！其实，在教育工作中，作为与学生交往最频繁、关系最密切的班主任是很容易出现过失的。这些需要我们及时表达歉意、进行自我批评的情况通常有以下几种。

第一种情况是学生未犯错而被老师误解。

这是最有损老师在学生心中的形象，也是最危害师生关系的，因为学生也许能受得了批评，但绝对受不了委屈。

有一次早读时，我发现一个学生没有按照布置的早读任务读书，拿着一本杂志在翻看，而且还走马观花似的翻来翻去。我一看就不高兴了，没好气地说："先完成早读任务，再阅读其他内容。像你这样一目十行，能记住什么？"他抬起头，刚张嘴想要说什么，看到我生气的眼神，又迅速地低下了头。说完后，我正要走开，他的同桌站起来说："老师，他刚才不是在看闲书。今天是他值日，他正在找推荐给大家欣赏的美文。"（我们班的学生轮流值日，每天除了打扫讲台、擦黑板之外，还要利用早上课前五分钟给大家推荐阅读一篇美文）我马上意识到自己冤枉了他，于是郑重地说："对不起！我没有了解清楚情况就批评了你，是我的错。能原谅老师吗？"他又抬起了头，竟用一种感激的眼神望着我，然后很快点了点头。

可以想象得到，如果没有他同桌的提醒，如果我没有立即道歉，他肯定感到十分委屈，他会觉得自己为班级做事，居然还被批评，班主任太不可理喻了。还有，这让自己在其他同学面前多丢人啊！他对我必然会不满，以后我再要求他做什么，他就不会那么认真地做了。而且，因为我的误解，他也许很长一段时间心情都会很糟糕！我很庆幸他的同桌能为他仗义执言，我很庆幸自己没有扭曲的"师道尊严"的思想，否则，我已在不经意间伤害了一个孩子的心灵！

第二种情况是学生犯了错而老师处理不当。

这样做的后果，就是学生心中因犯错而产生的负疚感，会立即被对老师失当言行产生的厌恶感所取代。问题不仅没有解决，反而容易激化矛盾。

李镇西老师在他的一篇教育日记中记载了这样一件事情。"在昨天晚上的选修课上，我把三个学生礼貌、友好地请出了教室，这是我十几年来第一次在自己的课堂上遇到这样的学生，也是第一次把学生请了出去，尽管是礼貌而友好的。

……这三个学生从上课开始始终在偶有间断地接听手机和相互大声说话，在我友好地提醒了两次后还仍然是这样，其他学生都向他们投去了厌恶和无奈的目光，也向我投来了同情和征询的目光。我平静地对他们说，如果有什么事情没处理完，就出去说吧，不要影响讲课和听课。我以为他们会安静下来，但一个学生竟然真的站了起来走出去了，另两名学生在稍稍迟疑后也跟着走了出去。"

这样的事情也许你我都做过，也许不会觉得有什么不妥，毕竟已经提醒他们两次了，毕竟这样做维持了课堂的秩序，甚至也会得到其他学生的支持。但是，让这几位学生当着其他学生的面离开教室，不仅对他们的尊严造成了损害，而且不尽合法，还有一个问题是老师没有对犯错误的学生进行正面的教育，这不也是一种"失当"吗？我们看看李老师是如何补救的，"这时候课堂上很静，我反倒突然感到自己的不妥和尴尬，尽管整堂课充满了笑声和掌声，我心底还是多了一丝自责和沉重。在下课前，我当着近300名学生表达了自责和歉意。"

我想有了李老师真诚的道歉，产生的教育效果不仅是那几个犯错的学生会认识到自己的错误，其他学生也会引以为戒，而且他们所有的人都能从李老师身上学到"知错就改"的美好品行。

第三种情况是学生做了好事或取得了进步，老师没有及时予以肯定和鼓励。

也许你要质疑，"这也算是老师的错吗？"可是，老师尤其是班主任的职责之一不正是发现并放大学生的优点，帮助学生改正缺点，培养学生的自尊心和自信心吗？如果对学生的良好表现不加关注，这不也是失职吗？"失职"能不算错误吗？

有个学生，成绩差，行为习惯也不太好。我多次找他谈话，有批评有鼓励。可是有一段时间，我发现他变本加厉，不仅作业不按时完成，还经常在我的课堂上睡觉。我很生气，但还是耐着性子找他谈心。谁知，他愤愤不平地对我说："上一次月考，我进步20多分，可是你在班会上并没有表扬我，我觉得你看不起我！"我听了，一开始有些啼笑皆非，然后回忆他前一段的表现，他确实很少犯错，听课状态也不错。哎呀，我当时怎么就没有发现呢？如果当时就关注到，多表扬几次，他不仅不会像现在这样，说不定进步会更大。当我意识到这一点，马上微笑着向他道歉，并跟他约定下一次月考只要进步，不管多少分我都会在班会上表扬他。他满意地离开我的办公室，后来他果然没有让我失望，在月考中又进步了10多分。

我们做班主任的，一个"没注意"就会被学生理解为"冷落"、"看不起"，这会给学生敏感的心理造成多大的伤害啊！

第四种情况是老师无意的过失伤及学生的自尊和感情，往往不是什么大事，但出现一次就会让师生彼此不快。

例如在我刚参加工作那一年，开学两周后的一天，下课时我在教室里叫错了一个学生的名字，其他学生哄堂大笑，我很尴尬，那个学生也很不好意思。很长一段时间，我发现他看我的眼神都很复杂。从此，我每接新班，都会利用早读和自习，对照座位图快速将人和名字对上号。因为我知道任何一个人对自己的名字都是敏感的，每一个学生都希望自己的姓名能被老师亲切地叫出。后来看到李希贵老师说他借鉴台湾一所学校的做法，在开学一周后举行"老师认学生"比赛，我真的举双手赞成。

其实，没有老师或班主任会故意伤害学生，往往就是因为我们"不小心"、"没注意"，在一些自认为的"小事情"上出了问题。

孔子说过，"过而不改，斯谓过矣"，意思是说：犯了一回错不算什么，错了不知悔改，才算真的错了。所以，只要是凡人就都会犯错，班主任当然也一样，问题在于：错了，你是否愿意承认？你是否愿意道歉？一位作家曾说过这样一段发人深省的话，"懂得道歉是一种责任，是良知的体现，是道义的担当，是人类社会能够不断进步的动力之一。罗马教廷曾为迫害伽利略而公开道歉；德国政府向犹太人道歉，南非前总统德克勒为种族隔离政策向黑人道歉；韩国前总统金大中为儿子贪污向人民道歉……在这一声声的道歉中，人类社会走向更加成熟与进步。"

我相信，在民主观念和权利意识日益深入人心的今天，没有班主任会否认勇敢真诚地向学生道歉的必要性,只是我们还要思考怎样做才能将"道歉"这一原本单纯的道德行为提升为德育行为,变成对自己也是对学生的教育。对此,我总结了以下三种行之有效的方式:

一是当面道歉。这是最基本的行为,也是取得学生谅解化解不满的首要条件。比如,我向未及时予以表扬而导致其产生逆反心理的那位学生道歉。这种道歉要及时坦诚,不能辩解遮掩,否则只会令学生反感。

二是公开道歉。这是一种很庄重的行为,最好在当面道歉之后,选一个恰当的时机,班主任还要适当做一些准备,充分发挥它的德育力量。比如,向被我错误批评的那位同学道歉之后,我利用紧接着的一个班会,当着全班同学的面再次向他公开道歉,并表扬了他尽心尽力给大家挑选美文的行为,还有那位能够仗义执言告知我缘由,使我能及时改正错误的同桌。

接着,我给学生讲了一个故事。一位美国作家在西部旅行,路过一个荒凉的村庄,看到一个农家院落里,一个头发蓬乱、满面胡须、衣着邋遢的农夫坐在小矮凳上劈柴,心里顿生厌恶之情,再看他的院子里杂草丛生,不禁要骂他对生活太缺乏热情,太没有上进心了,怪不得一副颓废模样。作家心里这样想着,还是不由自主地走到他家的篱笆旁。这时,作家看到了让他吃惊的一幕,这个农夫的右腿裤管在凳子下轻轻飘荡,原来他是一位残疾人。再看他坐在凳子上用一只手努力保持着平衡,用另一只手卖力地举起斧头,额头上全是汗珠。作家心中的厌恶感一扫而光,立刻被他那种与命运抗争,不向生活妥协的精神感动,同时也为自己刚才对他的误解深感愧疚,并告诫自己以后看人论事一定要多看一眼,多想一层,避免类似的错误。故事讲完后,我对学生说:"班主任之所以会犯同样的错误,不就是没有多看看,多想想,让情绪的冲动代替了理性的思考吗?我希望你们从我身上吸取教训,做一个遇事冷静、思维缜密的人!"学生们听了之后一脸肃穆,不知谁带头鼓起了掌,我知道他们不仅接受了我的道歉,更理解了我的教育。

三是书面道歉。书面道歉可以是写给当事人的致歉信,也可以是面向全体学生的公开信。这样做的好处是更加正式,而且学生每看一遍就会受一次教育。上面提及的李镇西老师在向学生公开道歉之后,又写了一封公开信,内容如下：

在这里，我再次郑重地向这三位同学道歉，也把下面这些良言送给你们，送给所有我的学生：

(1) 年轻人犯错误，上帝都可以原谅，何况是一个普通的老师。但请你记住：上帝能够原谅的事，社会不一定会原谅；老师能够原谅的事，老板不一定会原谅。你将生活在现实而复杂的社会，而不是大学和天堂。

(2) 年轻就是资本，但年轻是学习知识和打拼事业的资本，而不是放纵自己和庸碌生活的理由。请你记住：不要以为年轻就一切还来得及，来不及的不是年龄而是在岁月流逝中所积累或错过的一切。

(3) "勿以善小而不为，勿以恶小而为之。"人的品性和素质是一个长期养成的过程，而上学时的养成往往会影响你的一生。请你记住：上课说话的确不是什么大毛病，但如果养成一种习惯，就会决定你被"请出去"的命运。

(4) 尊重别人是一种美德，它会赢得认同、欣赏和合作。请你记住：不尊重朋友，你将失去快乐；不尊重同事，你将失去合作；不尊重领导，你将失去机会；不尊重长者，你将失去品格；不尊重自己，你将失去自我。

(5) 表达自我是一种本能，挑战权威是一种勇气。但表达自我不能伤害别人，挑战权威不能破坏规则，除非你在进行革命。请你记住：不要试图用带有道德色彩的另类行为去赢得关注，也许在目光关注的背后是心底的离弃。

(6) 无知者无畏并不可怕，真正可怕的是无知者还无所谓。请你记住：不要用无所谓的态度原谅自己，对待一切，那会使一切变得对你无所谓，也会使你成为一个无所谓而又无所成的痛苦的边缘人。

说这些话，源于自责和道歉，但现在已经和这件事没有关系了。更多的是一个老师的良知和认知，希望你们能够理解。

这样做，就将一个具体的课堂事故引向更为深广的教育领域，有做人态度，有处事原则，有现实告诫，有未来期许。看到这里，你能不承认道歉的巨大的德育力量吗？

我曾看到一篇文章将教师的道歉提到"国民教育"的高度，发出了这样振聋发聩的呼唤:"不会道歉的教育是不健全的教育,而不健全教育下的国民是不会有希望的。基于此,老师向学生道歉显得格外珍贵。懂得道歉的老师不仅是受人尊重的老师,更是能够培养健全人格的老师,这种老师教导下的学生是有希望的,这种学生满天下的国家是有希望的。"

八、现代教育技术开辟班会新天地

现在,老师上课从没有用过投影仪和多媒体课件的恐怕不多,因为学校对这方面的投资是很舍得花本钱的。另外,能熟练操作现代教育技术进行教学,不仅是教育主管部门培训教师的重要内容,还成为各级各类"赛课"的评价指标之一。但是,在班会上,许多班主任还是习惯于"一个人、一张嘴、一节课"的传统方式,时间长了,即使口吐莲花,学生还是会"审美疲劳"的。怎么办?班主任要有意识地挖掘现代教育技术的德育功能,主动将这些现代技术运用到自己的班级管理和德育工作中去,开辟现代班会新天地。那时,你会发现采用这些方式不仅会使你主持的班会妙趣横生,而且会使你更亲和有力。下面本人就将自己的初步探索和思考奉献出来,以飨读者,希望能抛砖引玉。

我的电脑里有一个专门的"德育素材库",分为"文字"、"图片"、"音频""视频"、"课件"五个文件夹。这些都是德育信息很好的载体,一般情况下,一次班会我都会将各种形式的材料有机整合,综合运用,充分发挥它"生动直观,信息量大"的优势,激发学生的兴趣,以期达到较好的德育效果。

"文字"类中的"德育故事"就深受学生喜爱(效果见《少谈大道理,多讲小故事》)。"图片"中的"自然风光"无论是作为课件的背景,还是班会前的欣赏内容,都颇能吸引学生的眼球。"人物风采"和"社会万象"都可以作为班会的引子或德育内容的主体材料。"班级相册"里对班级原生态的记录,已成为期中期末总结或毕业班会时学生最期待的内容。"音频"里有学生推荐的歌曲,有我精心挑选的诗歌朗诵录音和名人演讲录音。"视频"类里有"教育电影"、

"精彩节目"、"网络视频"等,成为班会上一次次震撼学生心灵的法宝。"课件"类里有"人生哲思"、"心理游戏"、"学法指导"等,欣赏起来耗时不长,可以作为班会前"暖场"的"小品",也可以作为班会过程中思考和讨论的对象。

比如,我2009年夏天参加高考的学生都是补习生,而且都是在2008年的高考中已经接近甚至超过二本线的学生,由于填报志愿失误而没有被大学录取,带着失望与不甘又回到学校补习,内心有一种挥之不去的伤痛。但是,如果他们不能解除这种心理的包袱,将屈辱的记忆转化为奋斗的动力的话,他们将难以承受接踵而至的压力繁重的复读生活。于是,我在正式开学之后的一次班会上,让学生听了两段朗诵的音频。

第一段音频材料是普希金的诗歌——《假如生活欺骗了你》:

假如生活欺骗了你

不要悲伤　不要心急

忧郁的日子里须要镇静

相信吧　快乐的日子将会来临

心儿永远向往着未来

现在却常是忧郁

一切都是瞬息

一切都将会过去

而那过去了的

就会成为亲切的回忆

这首诗我让学生听了两遍,当朗诵者那浑厚沧桑的声音第二次回荡在教室里,学生们备受感染,许多学生当场就跟着背了起来。听完之后,有的流下了泪水,有的眼神流露出坚毅。

第二段音频材料是汪国真的一首散文诗——《走向远方》:

是男儿总要走向远方,走向远方是为了让生命更辉煌。走在崎岖不平的路上,年轻的眼睛里装着梦更装着思想。不论是孤独地走着还是结伴同行,让每一个脚印都坚实而有力量。

我们学着承受痛苦，学着把眼泪像珍珠一样收藏，把眼泪都贮存在成功的那一天流，那一天，哪怕流它个大海汪洋。

我们学着对待误解。学着把生活的苦酒当成饮料一样慢慢品尝，不论生命经过多少委屈和艰辛，我们总是以一个朝气蓬勃的面孔，醒来在每一个早上。

我们学着对待流言。学着从容而冷静地面对世事沧桑，"猝然临之而不惊，无故加之而不怒"，这便是我们的大勇，我们的修养。

我们学着只争朝夕。人生苦短，道路漫长，我们走向并珍爱每一处风光，我们不停地走着，不停地走着的我们也成了一处风光。

走向远方，从少年到青年，从青年到老年，我们从星星走成了夕阳。

这篇文章学生听了一遍之后，我们师生又一起大声诵读了一遍，给学生留下了深刻的印象。学生们纷纷要求抄录下来，后来文中的这两段——"我们学着承受痛苦。学着把眼泪像珍珠一样收藏，把眼泪都贮存在成功的那一天流，那一天，哪怕流它个大海汪洋。我们学着对待误解。学着把生活的苦酒当成饮料一样慢慢品尝，不论生命经过多少委屈和艰辛，我们总是以一个朝气蓬勃的面孔，醒来在每一个早上"，成了学生随笔中出现频率最高的文字。我知道，他们已经从中找到了支撑自己坚强地站起来并坚定地走下去的信念！

我想，没有两位朗诵者那震撼人心的声音所营造的那种庄重肃穆的氛围，学生难以准确把握这两则材料所表现的沉浑壮烈的意境，也就难以从中获取力量！

自从于丹教授2006年"十一"黄金周在央视百家讲坛连续七天解读《论语》心得，受到观众的热烈欢迎，我带的每一个班都会在班会时间，利用教室多媒体完整地观看。我要求学生看时做笔记，看完之后写观后感，下一次班会前让学生交流自己的"心得"。《论语》博大精深，于丹教授深入浅出，从中抽离出七个部分，每个部分都是针对现代人（包括学生）的实际需要设置的："天地人之道"——您知道盘古开天辟地的故事吗？我们一个个生命个体，在浩瀚的宇宙中意味着什么？"心灵之道"——人生不如意事常八九，当遇到人生的缺憾时,我们该如何面对呢?"处世之道"——在纷繁复杂的社会环境中,我们怎样才能保持良好的人际关系?"君子之道"——我们常说"君子坦荡荡,小人长戚戚",那么何为君子,何为小人呢?"交友之道"——孔子曰:益者三友,损者三友。我们如何分辨好朋友和坏朋友,又如何才能交到好朋友而远离坏朋友呢?"理想之道"——"匹夫不可以夺志",理想是一个人奋斗的动力和前进的方向,但我们该怎么理解"理想"的含义呢?"人生之道"——您知道"三十而立,四十而不惑,五十而知天命,六十而耳顺,七十而从心所欲,不逾矩"的真正含义吗?

七场观赏,七次交流,我不奢求学生从此对"儒学"有多么深刻的理解和参悟,只希望学生能开始思考自己的生活,规划自己的人生,并从中得到有益的启示。事实证明,每次全部看完之后,学生大都会有一种醍醐灌顶的觉悟,心灵如受到洗礼一般,学习的自觉性行为和自制力大大加强,与父母及师友的关系得到改善。

还比如,有几个课件在我的几届学生中一直大受欢迎。

第一个是"原来人生可以很简单":

有一个人去应聘工作,随手将走廊上的纸屑捡起来,放进了垃圾桶,被路过的面试官看到了,他因此得到了一份工作。——原来获得赏识很简单,养成好习惯就可以了。

有个小弟在脚踏车店当学徒。有人送来一部坏了的脚踏车,小弟除了将车修好,还把车子擦拭得漂亮如新,其他学徒笑他多此一举。车主将脚踏车领回去的第二天,小弟被挖到他的公司上班。——原来出人头地很简单,"吃点亏"就可以了。

有个小孩对母亲说:"妈妈,你今天好漂亮。"母亲问:"为什么?"小孩说:"因为妈妈今天没有生气。"——原来要拥有漂亮很简单,只要不生气就可以了。

有个牧场主人,叫他的孩子每天在牧场辛勤工作,朋友对他说:"你不需要让孩子如此辛苦,农作物一样会长得很好的。"牧场主人回答说:"我不是在培养农作物,我是在培养我的孩子。"——原来培养孩子很简单,让他吃点苦就可以了。

有一个网球教练对学生说:"如果一个网球掉进草堆里,应该如何找?"有人答:"从草堆中心线开始找。"有人答:"从草堆的最凹处开始找。"有人答:"从草堆最高的地方开始找。"教练宣布正确答案:"按部就班地从草地的一头,搜寻到草地的另一头。"——原来寻找成功的方法很简单,从一数到十不要跳过就可以了。

有一家商店经常灯火通明,有人问:"你们店里用的是什么牌子的灯管,那么耐用?"店主回答说:"我们的灯管也常常坏,只是我们坏了就换而已。"——原来保持房间明亮的方法很简单,只要常常更换灯管就可以了。

住在田里的青蛙对住在路边的青蛙说:"你这里太危险,搬来跟我住吧!"住在路边的青蛙说:"我已经习惯了,懒得搬了。"几天后,田里的青蛙去探望路边的青蛙,却发现它已被车子轧死,暴尸在马路上。——原来掌握命运的方法很简单,远离懒惰就可以了。

有一只小鸡破壳而出的时候,刚好有只乌龟经过,从此以后小鸡就背着蛋壳过了一生。——原来脱离沉重的负荷很简单,放弃固执己见就可以了。

有几个小孩很想当天使,上帝给他们一人一个烛台,叫他们保持烛台光亮。结果几天过去了,上帝却没来,几乎所有小孩都不再擦拭那烛台。有一天,上帝突然造访,几乎每个人的烛台上都蒙上了厚厚的灰尘。只有一个小孩,大家都叫他笨小孩,因为上帝没来,他也每天都擦拭,结果这个笨小孩成了天使。——原来当天使很简单,只要实实在在去做就可以了。

有只小猪,向神请求做神的门徒,神欣然答应,刚好有一头小牛由泥泞里爬出来,浑身都是泥泞,神对小猪说:"去帮他洗洗身子吧!"小猪讶异地答道:"我是神的门徒,怎么能去侍候那脏兮兮的小牛呢?"神笑着说:"你不去,别人怎么知道你是神的门徒。"——原来要变成神很简单,只要真心付出就可以了。

有一支淘金队伍在沙漠中行走,大家都步伐沉重,痛苦不堪,只有一个人快乐地走着。别人问:"你为何如此惬意?"他笑着说:"因为我带的东西最少。"——原来快乐很简单,拥有少一点就可以了。

第二个是"特雷莎修女智慧语录"。

特蕾莎修女虽然已返天乡,但她的德泽至今仍持续不断地绽放生命的光彩,包括她在世界各地所散播的仁爱、所行的善业和思想上的真知灼见,一如以下问题中,她对世人的各种疑惑所给予的解答:

最美好的一天?——今天

最简单的事?——犯错

最大的阻碍?——害怕

最严重的错误?——自暴自弃

万恶的根源?——自私

最好的休闲活动?——工作

最沉重的挫败?——灰心

最好的老师?——儿童

最优先的需要?——沟通

最令人快乐的事?——帮助别人

人生最大的谜?——死亡

人最大的缺点?——坏脾气

最危险的人物?——说谎者

最低劣的感觉?——怨恨

最宝贵的礼物?——宽恕

最不可或缺的?——家庭

最短的捷径?——直路

最使人愉悦的感觉?——内心的平安

最幸福的保单?——微笑

最有效的解决之道?——乐观

最大的满足?——完成该做的事情

全世界最强大的力量?——父母

最大的喜乐之一?——拥有真正的朋友,知道有人与你同在,即便他们不一定能帮你解决问题

世界上最美丽的？——爱

这两个课件，每一则小故事或一个观点都是独立的一页，并配有与内容一致的精美的背景图片，再加上内容本身富含哲理，发人深省，对学生很有吸引力。每次使用时，我都会在让学生观赏完之后展开讨论，请学生就其中的一点或几点谈谈自己的理解和感想。大家的讨论和发言异常热烈，往往下课铃声响了还意犹未尽。

如果没有现代教育技术的有意识使用，班会的内容和形式不可能如此多姿多彩，效果自然要大打折扣。

九、利用现代通信技术实施网络德育

在学校经常出现这种情况：正上着课，多媒体教学系统里的电脑出了问题，老师手足无措，这时一个学生自告奋勇走上讲台，噼里啪啦一阵捣鼓立刻好了。刚开学，就有学生追在后面问老师："你的QQ号是多少？加我为好友吧！""老师，你的博客在哪里？我没事儿会去'灌水'的！""老师，你用MSN吗？"这时，如果你一脸茫然，如坠十里云雾，或像听到"火星文"一样不知所云，立马会遭到学生的"鄙视"（网络流行语，贬义语气已被严重弱化，大可不必生气）。

现在的学生，尤其是城市里的孩子，大多有自己的博客甚至个人网页，即使没有这些，也几乎每人都有自己的QQ和电子邮箱。他们利用这些现代通信技术沟通交流，畅所欲言，张扬个性，更加深刻丰富地展示着个人的风采。如果班主任有幸被告知他们的这些信息，你可以惊奇地发现许多学生迥异于在学校里的一面，但这绝对也是他们真实的一面。平日里沉默寡言腼腆忸怩者，在QQ里却口若悬河侃侃而谈；教室里整日"嬉皮笑脸"，好似"没心没肺"的学生，在自己的博客中却伤春悲秋、多愁善感。请班主任们不要有"上当受骗被忽悠"的错觉，哪一个人的性格心理不是丰富多彩的呢？更何况他们是正处于思维最活跃、最变幻莫测的青春期的少男少女!

我所担心的是,如果班主任们仅仅看到学生在教室或在自己面前的那一面,那么他们如何能真正了解自己的学生,遑论走进学生的心灵!我们该怎么办?李镇西老师说得好,"用心灵赢得心灵"。班主任只有真诚地、主动地敞开自己的心灵,让学生感受到你的诚意和善意,他们才会慢慢打开自己的心扉。所以,每接新班,在师生第一次见面的时候,我不仅会将自己的手机号和办公室电话告诉学生,还会将我的博客地址、电子邮箱和QQ号码一并写在黑板上,并写上这样一句话——"欢迎到我的博客做客,期待成为你的好友!"。

下面是我对博客的德育功能的探索。

首先,我会利用学生的好奇心和急于了解班主任的心理,告诉大家我会在我的博客上发表教育日志,记录班级的趣闻轶事,并推荐一些好书美文。等到陆续有学生登录我的博客,我就开始实施我的网络德育了。比如,我会要求学生每个学期都要读至少一本世界名著或名人传记,将读后感通过电子邮箱发给我。然后,我经过编辑发表在博客上,通过博客留言讨论读书心得,吸引更多的学生参与进来。当学生看到我跟班里其他同学讨论得热火朝天,很少有不摩拳擦掌跃跃欲试的。例如,有一次,在我布置这个任务的第二周,班里一个很阳光的小伙子就给我发来了这样一篇读后感——《小王子:成人的童话》:

《小王子》作者的名字叫安东尼·德·圣艾修伯里,他于1900年出生于法国的里昂。他具有贵族的血统,喜欢冒险。二战时期法国被德国所占领,他被派往美国,担任勘察飞行员,1944年在一次飞行中神秘失踪,这件事情成为一件奇事。

《小王子》这本书虽然属于童话,但是却有着与一般的童话不同的深刻意境,看完后给人的只有忧伤和爱。

《小王子》里有一段故事讲的是小王子很伤心,因为他找不到朋友陪他玩,正在他哭泣的时候,他遇见了狐狸,他邀请狐狸陪他去玩,但是狐狸却拒绝了。狐狸的回答是这样的:"我不能和你玩因为我还没有被驯养,对于我而言,你只是一个小孩,就像其他千千万万的小孩子一样,我并不需要你。对你而言，我也只不过是一只狐狸，就像其他千千万万的狐狸一样。然而，如果你驯养我的话，那么我们就彼此需要。对我而言，你就是宇宙的唯一了，对我而言，你也是宇宙的唯一了。"刚开始我并不是很明白这句话的意思，现在我终于明白了，那是对爱的执着和期待。终于小王子驯养了狐狸，但是最后他还是离开了狐狸，小狐狸并没有伤心，因为对狐狸来说，这已经不重要了。不一定要把什么事情都攥在手里，它曾经拥有过，它曾经被驯养过，它感受过唯一的感觉。

小王子有着金子般的善良的心，他展示出的是一个小孩内心的青嫩可爱，娇小玲珑。他憎恨天下一切丑陋的东西，他会为一朵小花没有居所而落泪，他会因为落日而感伤……

《小王子》在其富有诗意的淡淡哀愁中却蕴涵着一整套哲学思想，这是一个平实无华的童话，既没有离奇的情节，也没有惊天动地的壮举，故事在极其平淡的叙述中展开，其魅力在于其丰富的内涵和广泛的象征意义，或明或暗。

《小王子》是世界上唯一一本写给大人看的童话，唯一一本伤心的童话，一则关于爱与责任的童话。也许这个年龄阶段的我还理解不了其中更深一层的含义，但也许十年以后，或者几十年以后，当我回头再看的时候，我会有更深的感触。

看了这篇文章，我深受感动，于是给这个小伙子留言，写了这样一段文字——"像你这个年龄能够喜欢童话本身就是很难得的，这表示你不仅还有一颗纯洁的童心，更有着细腻深刻的心灵。从这篇文章我看到你对世间真爱的渴望与执着，对美好与善良的呼唤。读懂这本书，你不用等到十年几十年以后，因为你现在已经完成……"

在这之后，我们又进行了深入的交流，我慢慢了解到他是在单亲家庭中长大的，很孝敬自己的母亲，每次双休日都会早早回家陪妈妈散步，看电视，做些家务，俨然就是家里的小男子汉。这些情况都是以前在教室里看到他开开心心无忧无虑的模样时所无法想象的。了解了这些情况之后，我也就更能理解为什么他会偏爱这样一本呼唤真爱的童话，为什么能从中读出淡淡的哀愁。在以后的交往中，我不断地表达对他的懂事善良的赞赏。他也从我的鼓励中得到了力量,在学习上无论遇到多大的困难(他的基础不太好)都能坚强面对。

同样,我还会在博客上布置假期德育作业,比如读一本励志书、提交一篇读书报告、谈谈对新学期的设想和规划以及对老师和班级的建议。不管哪一种,我都有来有往,一篇篇地回复,并有选择地发表在博客上。后来,我的博客竟成了"班级论坛",要是我更新得慢了,就会有同学催我:"老班,别偷懒!大家等得花儿都谢了!"

QQ的德育功能就更强大了,因为它有着"即时高效"的特点,而且可以多人同时参与。

等与学生熟悉了之后,我就会让学生建一个班级群组,由学生自己推举管理员,我只提两个要求:第一把我加入群内;第二就是在群内全部用真实姓名,这样便于互相交流(其实主要是为了照顾我,我哪里记得住那些五花八门的网名)。学生一般都会答应,哪怕他们觉得不方便另组一个群,我也不管,我只要有一个能与学生即时交流的地方就行了。不过,我们学校是寄宿制管理,学生只有周末才能回家,所以,平时我也只是在群里提醒他们完成作业、来校时注意天气和交通安全、发一些有趣又有用的文字图片等。到了寒暑假,才是它大显身手的时候。那时,我会在QQ里组织"虚拟班会",大家约定一个时间集体讨论一个主题。比如,"什么样的早操口号和课前宣誓誓词才能体现班级特色"、"教室如何布置才能既美观整洁又令人振奋",甚至"教室座位怎么调换才科学合理"。大家七嘴八舌各抒己见,时不时会蹦出一句"恶搞"的话,我也不以为忤,许多让我为难的问题就这样轻轻松松解决了。这难道不比我一个人在办公室挠破头皮有效得多?而且,学生都有发表意见的机会,明白了班级是大家每一个人的"家",每个人都有责任、有义务为她添砖加瓦,集体主义观念或主人翁意识不用教育就深入人心了。更可贵的是,大家在讨论甚至争辩中学会了互相倾听,互相尊重,互相妥协,民主精神不也蕴涵其中了吗?同时,我也进一步加深了与学生的关系,有些学生还体会到了做班主任的不容易,这不是一举多得吗,何乐而不为呢?

等到学生纷纷主动将自己的博客和QQ告诉我之后,我又开始了一项新的工作——浏览学生的博客和QQ空间。每次登录我一定留言,每次留言一定是认真阅读了上面的"心情文字"之后经过深思熟虑的交流,而非"你好"、"我来过了"、"今天天气很好"之类无关痛痒的话,慢慢地学生会很期待我的"光临"。后来我发现我在网络上跟他们的谈话更容易深入,他们也更容易接受。

也许有的班主任会担心"这样不是鼓励学生上网吗",其实大可不必,有些学生之所以会迷恋网络,正是因为他们不了解网络的真正意义,以为上网就是打游戏、聊天、看电影。现在,我们将班会的课堂搬到网络上去,发挥它的德育功能,用正面的做法让学生明白"网络不过就是学习的工具、沟通的工具、生活的工具,是生活的延伸,并不能代替生活",这样不是更好的网络教育吗?

当然,利用现代通信技术实施网络德育也有诸多限制,比如,并不是每一个学生都有条件不受限制地上网,也无法保证学生能按时参与。但是,班主任也需要明白,这种做法也只是对德育的拓展,是班会形式的延伸,学校德育的主阵地还在校园里,还是班会课堂。只要我们理解了这一点,也许就能心平气和了。

十、让节庆日散发德育的芬芳

现在,越来越多的班主任认识到,做德育工作要善于把握"教育契机",它就像阿基米德苦苦寻找的那个"支点",找到了它就可以"四两拨千斤",轻轻发力就能"将整个地球撬起",从而达到最佳的德育效果。我觉得有些节庆日就是这样良好的教育契机,如果班主任善加利用的话,一定能有意想不到的收获。因为那些中国传统节日和正在中国流行的西方节日无不具有深厚的文化内涵,寄托着人类共同的美好情感和愿望,再加上社会环境的渲染,以及学生对之有着强烈的期待,在这些因素的共同作用下,最容易触动学生敏感细腻的心弦,演绎出美妙的教育旋律。

不过，我认为能有此效果的节庆日首先应该是学生的生日，因为那是学生自己"最值得庆贺的节日"，学生无比珍视。一年一度的生日是一个人生命的印记，它会记录下我们的欢乐、成长与收获，也镌刻着我们的失落、痛苦与忧伤。这些共同构成了我们的人生，学生怎么会不重视呢？所以，班主任也要重视起来，尤其是寄宿制学校的班主任，学校就是学生的另一个家，同学就是他们的兄弟姐妹，而你就是他们的家长，会有忘记自己孩子生日的家长吗？所以，我每接新班，在学生个人情况登记册上都会让学生填写自己准确的生日。无论哪个学生过生日，我都会准备一个有全体任课教师签名留言的生日贺卡，并提前安排他/她的好朋友为他/她准备一个节目。在生日的当天，由全班同学为他/她唱生日歌，再送上贺卡，献上节目。目的就是让每一个学生都过上一个温馨感人的生日。在寒暑假中错过生日的同学，开学之后，我们也要利用班会组织一个"集体庆生会"，贺卡、节目也一个都不会少。

我还看到，有的班主任会在学生生日的当天给他们写一封生日贺信，有祝福，有鼓励，有期待；还有的班主任会给每一位学生挑选一首小诗，写在卡片上，在班里朗诵后，亲手交给学生。其实，这样做都是为了让学生感受到集体的温暖、师生的关怀。因为我们知道，一个视师友为亲人、将学校当家庭、能够从集体中体验到归属感的孩子是不会轻易犯错的，他的人格成长一定是健康茁壮的。

中国的传统节日中，目前最受民间重视的要数春节、元宵节、清明节、端午节、中秋节五大节日了。春节和元宵节都在寒假期间，学生在家里与家人团圆，班主任也只有发短信、打电话问候了。虽然现在"清明、端午、中秋"也是法定节假日，但班主任可以在到来之前实施一些德育举措，对学生进行教育。

比如清明时，我会组织学生去烈士陵园扫墓，培养学生对革命先烈的崇高敬意和爱国精神。苏霍姆林斯基说："面对千百万为祖国自由、独立和后人的幸福而献身的英烈所萌生的责任感，应当成为一种宝贵的财富。这是学校教育的法宝。"当学生身处茵茵绿草青青松柏所营造的庄严肃穆的环境中，手持鲜花，认真听着讲解员讲述这些革命烈士的英雄事迹时，这种德育的效果是比坐在教室里听班主任一个人讲述强许多倍的。

还比如前年中秋的时候，我们复读班的学生没有放假，这时开学已经一个多月了，有的离家较远的学生也已经一个多月没有回家了，在这个本该万家团圆的日子，他们还要在教室里埋首苦读。我知道，高考灼伤了他们的自尊，打击了他们的自信，新的紧张的学习生活虽然冲淡了这种痛苦，但并没有让他们完全解脱。这个时候，他们最需要亲人的理解甚至谅解。于是，在中秋前一天，我就通过校信通跟家长联系，让他们给自己的孩子写一句鼓励的话，给孩子一些精神上的支持，然后通过短信发给我。有的用校信通联系不上，我就一个个打电话，让他们在那边说，我在这边记，直到跟每一位家长都取得了联系。第二天晚自习时，我到班里关上所有的电灯，打开多媒体，配上舒缓的音乐，让学生欣赏那一张张写有父母寄语并有中秋图案背景的课件。在此期间，我一句话都没说。

文琦：月圆之夜全家都在为你祝福，孩子，虽然在中秋不能与家人团圆，但你可以在班集体这个大家庭里享受温暖和快乐。愿你在紧张时放松自己，有困难时善待自己，烦恼时安慰自己，开心时祝福自己，刻苦时更要爱惜自己！祝儿子中秋快乐！

志鑫：爸爸希望你在杨老师的教诲下，不怕吃苦，心志专一，提高效率，圆理想大学之梦！

亚亚：今天是中秋节，爸爸没时间去看你，祝你节日愉快，学习愉快，另祝你全班同学和所有老师节日快乐！

莹莹：在这里，父母为你送去深切的祝福，祝你中秋节快乐，愿来年高考硕果累累！

凌云：妈妈祝你节日愉快，学习进步，吃好睡好心情好！

保同：祝儿子中秋快乐！希望你好好学习，不要惦记家里！

王飞：我们坚信你会树立信心，鼓足勇气，把握机会，铸造辉煌的人生，祝节日快乐！

志远：希望你放下思想包袱，多一些理智，少一些任性，以高昂的状态投入紧张的复习中，努力了终有回报。父母永远是你的坚强后盾。顺祝英才苑理二班全体师生中秋快乐！

龙龙：祝你像中秋的圆月一样，明年有一个圆满的成绩！

亚敏：出门在外要好好照顾自己，祝你中秋节快乐，努力学习，取得好成绩！

……

当这些朴实又富含真情的文字一一出现在屏幕上的时候，教室里充溢着一种幸福与悲伤、愧疚与昂扬交织的气氛，我还听见有些学生在抽泣。看完之后我要求学生给自己的父母回一封信，写上自己看到父母祝福时的感受，表达用成绩回报父母的决心，给父母一种宽慰，第二天买个信封，贴上邮票，写上地址交给我，由我为大家寄出去。

最后，我们师生一起高喊着"高考高考纸老虎，二班二班不怕苦。大学不是黄粱梦，我的未来我做主"，结束了这样一个特殊的班会。这一次中秋节，我相信他们一定会终生难忘！

现在国内越来越流行的父亲节、母亲节、感恩节、圣诞节等都是极具德育价值的"洋节"。尤其是"父亲节、母亲节、感恩节"这三大节日，我们没有与之类似的节日，班主任完全可以"洋为中用"，用来培养学生感恩父母的观念，做一个具有感恩之心的人。这样做，我们才不至于浪费了这大好的教育契机，才能让节庆日散发德育的芬芳！

十一、班会应挖掘学生潜在需求

> 只有能以敏感的心灵去察觉学生最细微的内心活动的人，才配称为善良的人，才有权力当学生的导师。
> ——苏霍姆林斯基《和青年校长的谈话》

如果说"节庆日"属于显性的德育契机，那么学生的"潜在需求"就是隐性的德育契机。这种"潜在需求"隐藏在学生的言行和心灵深处，含而不露，等待班主任去主动发现、了解、思考、解决，一般是在学生遇到困难，犯了错误或出现心理问题时。如果班主任没有观察到并在恰当的时候予以点拨化解的话，最终会影响学生的学习生活和健康成长。因此，我觉得班主任善于挖掘学生的潜在需求尤为重要，这也是决定班会能否及时有效的一个重要因素。

要实现这一目标，班主任首先要有一双敏锐的眼睛。班主任有时还真得有见微知著、明察秋毫的功夫，能够于无声处听惊雷。这不能不让我想起著名的"扁鹊三兄弟"的故事。

魏文王问名医扁鹊说："你们家兄弟三人都精于医术，到底哪一位医术最好呢？"

扁鹊回答说："大哥最好，二哥次之，我最差。"

文王再问："那么为什么你最出名呢？"

扁鹊答说："我大哥治病，是治病于病情发作之前。由于一般人不知道他事先能铲除病因，所以他的名气无法传出去，只有我们家里的人才知道。我二哥治病，是治病于病情刚刚发作之时。一般人以为他只能治轻微的小病，所以他只在我们的村子里才小有名气。我扁鹊治病，是治病于病情严重之时。一般人看见的都是我在经脉上穿针管来放血、在皮肤上敷药等手术，所以他们以为我的医术最高明，因此我的名气传遍全国。"

文王连连点头称道："你说得好极了。"

名医如此，做班主任也是一样，最高明的班主任莫过于像扁鹊的大哥那样能够"治病于病情发作之前"，也就是能够防患未然。我们可以反观一下周围那些经验丰富、充满智慧的班主任，他们的班里似乎很少出问题，学生踏踏实实、本本分分，学习稳扎稳打、节节进步。羡慕他们是正常的，但要认为他们班从来没有问题就是错误的了，只不过那些班主任能够敏锐地发现问题，在还处于萌芽状态的时候就已经举重若轻地解决了。这才是值得我们学习的地方啊！

此外，班主任还要有一颗敏感的心。因为我们有时也意识到了在某些方面似乎有问题，但缺乏心细如发的素质，很难一下找准病灶，结果就这样错过了解决问题的最佳时机，只能任其发展，"积小错成大错"，直到最后不可收拾。

比如今年我教复读班时，过年后一开学，面对再有三个多月就要到来的高考，学校开始了冲刺阶段的复习安排，学习节奏快、任务重，测试频率高。头几个星期，很多学生还没有从寒假的放松中调整过来，有些跟不上，对学校的安排尤其是大密度的测试训练颇有微词，心情很郁闷；还有的学生在一次次测试中自信心受到了一定的打击，学习热情不高。面对这种种问题，我利用班会做了一次学习动员，发表了主题为"信心就是脑白金"的演讲。我说：

亲爱的同学们：

大家好！

今天，我想与大家交流一个理念——信心就是脑白金。脑白金的经典广告词是什么？——"今年过节不收礼，收礼只收脑白金。"今天这个演讲，也是我送给咱们班全体同学的一份迟到的新年贺礼。

过去的三个星期是紧张的、充实的，或者备受煎熬的。一次又一次的测试，一份又一份的成绩单，让大家听到了冲锋的号角，闻到了战场的硝烟。作为班主任，我知道，有些同学坚决贯彻了毛主席的伟大教导：在战争中学习战争！通过这些测试练了兵，壮了胆。但我也知道，有些同学在这些测试中失了魂，落了魄，深受打击，信心动摇。

在此，我希望大家明白两点。第一，要明白为什么要测试。难道测试就是为了打击大家吗？没有这么狠毒的老师。测试是为了帮助大家发现问题，只不过考得密度大了、频率高了，你们发现的问题也就多了，这并不代表大家退步了。所以，我们千万不要因为暂时的困难而否定自己的进步。我只举一个例子，咱们班的同学 2008 年高考过一本线的只有 11 个人，而在上学期期末考试中过一本线的有 43 人，你们说是进步了还是退步了。大家也可以比较一下现在和去年的这个时候对知识的掌握和做题的感觉，相信每一个人都会对自己有一个正面的评价。

第二，大家要感谢测试。我经常讲的一句话是"在高考前发现问题就是中大奖"。因为，这总比你在高考考场上看一道题不会，再看一道还是不会要强百倍吧！第一轮复习已接近尾声，现在发现的问题就是你们在高三时和前一段复习中没有解决的，也可以说是你们知识体系中最薄弱的环节，最根深蒂固的缺陷。这是你们进入第二轮专题复习时最应该注意的部分，也是你们各科成绩提高的新的增长点，更是你们实现总分跨越的着力点。所以每考完一次，大家应该庆幸自己又发现了几个增分点，而非抱怨自己又扣了多少分！

我想如果大家这样认识考试，积极面对，你们学习起来就会越来越主动，你们的信心就有可能越来越强。为什么我只说有可能？因为信心是建立在踏实勤奋的基础上的，是需要用汗水和心血浇灌的。没有这些你们只会心虚，而没有信心。

我给大家讲一个故事。古代有一位平日只知道斗鸡走狗的人，科举考试马上就要开始了，他老爹逼他参加，好博得功名光耀门楣。他急得整天在家唉声叹气，抓耳挠腮。他那贤惠的老婆只好鼓励他："老公，不用着急，难道你们男人考科举比我们女人生孩子还难吗！"这人长叹一口气，愁眉苦脸地说："你们女人生孩子至少还身怀六甲，而我肚子里可是什么都没有啊！叫我拿什么去赴考！"所以，你们每天像我这样对自己喊100遍"杨兵，你要有信心！杨兵，你是最棒的"也没有用，还不如每天踏踏实实地听课、做题、纠错、反思。这样日积月累，你们自然有底气，有劲头。俗话说"手里有粮，心中不慌"，说的就是这个道理呀！

现在在金融危机的背景下，最流行的一个词就是"信心"，最振奋人的一句话就是我们的温总理说的"信心比黄金和货币更重要"！为什么只有中国总理能说这句话？为什么世界经济界愿意聆听中国总理的这句话？因为中国经济持续30年高增长，因为中国有最庞大的外汇储备，因为中国有世界最大的消费市场，因为中国已经形成良好的金融监管制度。

同样，大家现在踏踏实实地学习，增强的是实力，培育的是信心。既有实力又有信心的同学们，你们还会害怕测试吗？既有实力又有信心的同学们，你们还会害怕高考吗？

记住，"信心就是脑白金"，谢谢大家！

讲完之后，不少深受鼓舞的学生鼓起了掌。班会之后，我又单独找了几个问题比较严重的学生谈心，了解他们在学习和心理上遇到的困难，在给予鼓励的同时，跟他们一起分析原因，寻找对策，制定符合自身实际的学习计划和复习策略。这样就保证了我们班的学生在后来更加紧张的备考中，都有自己的学习方法，没有一个同学掉队，直到高考取得优异的成绩。

最后，班主任还要有一个敏捷的脑。班主任要能够在发现问题、找准病灶之后，对症下药，制定解决方案，否则就等于将问题又交还给学生，仍然无济于事。

2007年我教理科一班、二班语文，担任二班班主任，一班的班主任教这两个班的数学。开学两个多月后，我发现一个看似正常其实不正常的现象，那就是我们两个班主任所教学科的成绩，都是本班好，另一个班差。凭良心说，我们两人绝没有只关注自己班的成绩而放松对另一个班要求的心理。那问题出在哪儿？其实很好理解，那就是部分学生有一种心理，重视班主任任教的学科，班主任上课时不敢不认真听，班主任布置的作业不敢不认真完成，而忽视其他学科的学习。可是，高考看的是总成绩。所以，这是完全错误且十分有害的心理。因此，我必须马上让学生认识到自己的错误和幼稚，引起他们的重视。于是，我利用一次语文、数学测试结束后成绩刚刚张贴出来的晚自习，开了一个临时班会。班会的主题措辞很严厉——"学习不要太功利，做人不要太势利"。过程如下：

走进教室，看见黑板上是上一节物理课老师的板书，我灵机一动，边擦黑板边说："这一节，我们还上'物理'！"学生一听，惊诧莫名。在学生的不解中，我在黑板上画了一个斜面，斜面上是一个木块，并在木块上画一条与斜面平行的箭头，表示一个向上的牵引力。下面又是一阵躁动。然后我请物理课代表做一下"受力分析"，她很快就画出来了。我要求她解释一下。一共四种力，一条是与斜面平行向上的牵引力，一条是与斜面垂直的支撑力，一条是木块自身的重力，一条是与斜面平行向下的摩擦力。我说："很好！谢谢！"

接下来我说："关于这道题且按下不表，我想跟大家一起分析一个我刚发现的奇怪现象。"学生问是什么，我说："今天上午在咱们班讲完课后，我统计了一下语文测试的成绩，情况不错。下午在一班统计，我发现与咱们班相差很远！这让我想起了本周二数学测试后张老师贴在后面黑板上的两班成绩对照单，咱们班满分很少，只有1个同学得了满分，前20名的成绩咱们班不如一班，前50名的成绩也不如一班。这是为什么呢？

"难道是我们两位班主任有私心，对自己班要求更严，辅导更多吗？我可以负责任地说绝对不是，我批评更多、要求更严的恰恰是一班的学生，而张老师也是咱们班所有任课老师中跟我交流最多的，只要有什么情况，不管是作业质量、听课情绪还是学习状态，他都会及时告诉我。那到底是为什么呢？

"答案其实很简单，因为我是咱们班的班主任，张老师是一班的班主任，对班主任所教的学科，你们课堂上不敢太随便，课下作业不敢太拖沓。就像我反复讲的，课堂和作业抓住了，成绩自然不会太差。可是大家对非班主任任教的学科只要老师不是很严厉，不经常批评人，就得过且过，马马虎虎，这样自然学不好！可是，一个班只能有一个班主任啊！像大家这种怕谁就学什么的心理，不是太势利了吗！大家交朋友的时候最讨厌有势利眼的人，可是在学习上却自觉不自觉地就成了自己最讨厌的人！

"再说，咱们现在复习的目的是什么，不就是最大限度地提高自己的总成绩吗？！可是有些同学学一科放一科，花很多时间和精力在某一学科上，想通过这一学科成绩的大幅度提高来提高总成绩，却放松了对其他学科的常规训练。这就是一种'功利'的心理！结果呢？一科成绩提高了，另一科成绩下滑了。这不是正负抵消，白费力气做无用功吗？就像黑板上的这道对大家来说最简单不过的'受力分析'题一样，如果我们多给那个木块添加几个牵引力，再降低它的摩擦系数，它提升得不就更快了吗？同样，如果我们对每一学科都不放松，通过努力都有提高，那么总成绩的提高也就指日可待了！所以，我希望大家记住两句话：一是让每一学科都为我们总成绩的提高做贡献；二是学习不要太功利，做人不要太势利。"

由于我真实地道出了学生可能只是潜意识的心理，他们都很服气，也都清醒了过来，意识到了自己的错误，因此并没有费多大劲就得以纠正，后来不仅数学的，其他学科的老师也都反映学生学习的积极性、主动性有所提高。

苏霍姆林斯基在《给教师的100条建议》中说："没有发现，就没有教育工作的创造性。"班主任开班会有时还真得如老狱断案，一双敏锐的眼，一颗敏感的心，一个敏捷的脑，缺一不可，这样才能真正做到挖掘学生潜在的需求，让自己迅速成长为一个成熟的班主任。

十二、将世界放进班会

李镇西老师曾经用一句话来概括自己的教育理想：为现代化中国培养真正的公民。他还强调，"为共和国培养现代公民，应该是我们每一位教育者的神圣使命，更应该是班主任的自觉意识和行为。"什么样的学生才能成为共和国的现代公民呢？我自己的理解是要具有国家观念、世界眼光、民主精神、社会担当，简而言之就是要"放眼世界，胸怀天下"。显然，"两耳不闻窗外事，一心只读圣贤书"的学生不可能具有这样的素质；显然，"两眼紧盯分数，一心只抓成绩"的班主任也培养不出那样的学生。那么，到底怎样才能实现这一伟大而艰巨的任务呢？这是一个复杂的系统工程。但是，班主任作为学校德育工作的主力军，作为与学生朝夕相处、关系最密切的教育工作者，必须有所作为。我认为，将世界放进班会是一种非常可取的做法。

首先，班会的主题应具有时代感。班会的主题应当关注当今世界正在发生的大事、热点，引导学生对自己生活的世界和时代加以理性思考，得出自己的判断，哪怕还比较肤浅，哪怕还不够全面。学生能具有这种对世界和时代的关注热情和独立思考的意识，比给他们一个现成的结论更重要。

在2008年北京奥运会开幕前，法国总统萨科齐曾公开发表抵制言论，理由竟然是所谓的"西藏问题"。这是对我国内政的严重干涉，引起了全国民众的强烈愤慨，后来还发展到抵制法国在华零售业巨头家乐福超市。2008年12月6日，法国总统萨科齐不顾中方多次严正交涉，执意同窜访欧洲的达赖喇嘛见面，严重伤害了中国人民的感情，对中法关系也造成损害，更是激发了我国民众对法国政府的不满情绪,甚至有些情绪激动的网友愤怒地高呼:抵制法国货!让我们用行动捍卫民族的尊严!这一事件自然也成为消息灵通又血气方刚的学生谈论的焦点问题,我经常在班里听到学生的议论,看到他们互相传看批评法国的文章和"丑化"萨科齐的消息。于是,我在班会上详细介绍了整个事件的来龙去脉,并给学生展示了媒体上对"抵制法国货"的各种看法和评论,然后请大家讨论"我们到底应该不应该抵制法国货"。一开始,班里大部分学生主张抵制,认为"这是维护国家主权和民族尊严的方式";也有一小部分学生不赞成抵制,认为"这样做不是让萨科齐低头认错的最好办法,有些不理智"。双方你来我往争论激烈。后来,有一个同学说他在网上看到一篇评论,标题是《对不起,我不抵制家乐福》(廖保平),其中有这样一段话:"抵制法国货不等于抵制家乐福,家乐福只是个法国品牌而已,里面卖的90%都是中国货,90%的工作人员是中国人,我们要抵制家乐福,无异于抵制国货,抵制同胞,用抵制一个法国品牌来砸烂同胞的饭碗,伤害自己的利益。"当他把这段话说出来之后,教室里出现了暂时的沉默,我知道学生们开始了理性的思考。我说:"中日关系紧张的时候,我们就抵制日本货。现在法国冒犯了我们,就抵制法国货。这让我想起了在日本侵华战争全面爆发之前,许多学生自发组织到街市上查封销售日本商品的商店,并号召大家将家里的日本生产的东西全部销毁。这样做显然是不理智的,也没有阻挡日军的铁蹄。所以,今天我们更应该思考'怎样才是更理性的更有效的爱国行为'。"大家经过认真思考,最后得出的结论是:"面对别国的侵犯,要据理力争,维护尊严,更要踏实学习和工作,早日将中国建设成富强的大国。"

如果班主任对此不管不问,不仅失去了一个很好的爱国主义教育的契机,学生对类似问题也难以进行深刻的思考和理性的判断。

其次,班会的素材应具有广阔性。因为我们不可能每一次班会都是讨论国内国际的大事,但是可以广泛收集具有世界性的班会素材,服务于更符合实际需要的主题。

美国第一位黑人总统候选人奥巴马成功当选美国第44任总统,我意识到这是一个很好的关于励志、梦想和奋斗的班会素材,于是,我开始收集相关的信息。在之后的一次班会上，我先让学生看了《读者》2008年第24期上的一篇文章《"冒牌王子"的幸运女神》，让学生了解奥巴马的家庭出身、成长背景和奋斗历程，然后跟学生一起观看了有中英文对照的奥巴马2008年11月4日晚赢得美国总统大选后，在伊利诺伊州芝加哥格兰特公园向支持者发表的演讲——"美国的变革"。现场热烈的气氛、激动的听众和奥巴马睿智、深刻又充满感情的演讲，让学生热血沸腾。这是他们第一次看到美国这一世界唯一超级大国的总统的胜选演讲，尤其奥巴马还是美国历史上第一位黑人总统，学生们都为自己成为历史的见证者而激动。当奥巴马总统用一句又一句"Yes, we can"将整个广场的气氛送上高潮的时候，我相信这也点燃了学生们顽强奋斗以追求梦想的激情！在演讲最后，奥巴马说："当我们呼吸时，我们希望，在我们面对讥笑、怀疑以及别人对我们说我们不能的时候，我们将会用凝聚了人类精神的永恒信条做出回应：是的，我们可以！"这时，竟然有学生跟着一起叫出了声"Yes, we can"。是的，这最后一句道出了一切执着追求梦想的人心中的信念，可以说对学生是一次最生动的励志教育。那之后的一段时间，"Yes, we can"成了我们的班级流行语。有时在布置完作业之后，我问大家"能不能完成"，他们马上会齐声高呼"Yes, we can"！

　　除此之外，四川汶川地震发生之后，我的班会出现最多的素材是有关抗震救灾的英雄人物、感人事迹及相关评论。北京奥运会期间（我们毕业班8月初开学），我的班会中多为奥运健儿在赛场上展现伟大奥运精神和人性光辉的素材。比如下面两篇文章就在学生心中产生了巨大的反响。

　　一篇是2008年5月18日新华网转发的俄新社17日发表的题为"中国，挺住！"的文章。以下是这篇文章的主要内容。

　　汶川地震让半个亚洲震动，让整个世界震惊。中国经历的磨难太多，但从没在磨难中倒下。面临灾难，中国展现出坚忍与顽强；珍视生命，中国赢得了全世界的敬意和赞扬。

　　在这个生死交织、人神共泣的时刻，我们愿共同分担这份痛楚，愿共同祈祷生命的希望。

　　中国不需要同情，中国需要理解；中国不需要安慰，中国需要支持。我们愿以杯水之力，尽寸尺之能，和中国人民站在一起。我们知道，一个总理在两小时内就飞赴灾区的国家，一个能够出动十万救援人员的国家，一个企业和私人捐款达到数十亿的国家，一个因争相献血、自愿抢救伤员而造成交通堵塞的国家，永远不会被打垮。

希望必将与中国同在。

让我们为生者祝福，为死者祈祷。中国，挺住！

这篇简短的文章让学生感受到了世界对中国的关注和祝福，也鼓舞了我们必将取得抗震救灾胜利的信心。

另一篇文章是北京学者秦关在奥运会闭幕后写的《奥运火炬虽熄 人性光辉永不落幕》。其中几段话深深打动了学生。

现代奥林匹克运动的要义，并不止在领奖台上的名次，更在于对生命的激赏与对人性的弘扬。

人们不会忘记这样一个温馨的场面。8月17日，男子步枪50米三姿比赛中，美国射击名将马修·埃蒙斯再度失常"送"给中国一枚金牌。……就在那一刻，妻子卡特琳娜在现场捧起丈夫的脸。显然，那轻轻的摩挲与深情的注视，温暖并感动了所有人。

同样是一种爱。8月19日，男子举重105公斤以上级的颁奖仪式上演了感人的一幕：该项目冠军、德国选手施泰纳把亡妻苏珊的照片和奥运金牌高高举起。这位德国大力士用一枚沉甸甸的奥运金牌祭奠亡故的妻子，此情此景不禁让人在凯歌声中眼角垂泪。施泰纳能举得起258公斤杠铃，却放不下对亡妻的儿女情长！

当33岁的丘索维金娜在女子跳马比赛中获得一枚银牌时，人们在心里默认丘索维金娜早已经得了"母爱金牌"。……

……观众不但没有苛责刘翔，反而在心底喊出了"爱金牌，更爱刘翔"的口号。因为人们已经达成共识，个人的挫折与抉择必须得到尊重，我们需要文明的金牌，而不是金牌的文明；因为世界并无超人，没有谁有权利要求别人牺牲健康去拼金牌。

别了,北京奥运!可以肯定的是,当人性的旗帜高扬,在这已然逝去的16天里,那些饱含欢笑泪水的人性光辉,永远烙在了每个人心里。别了,北京奥运!离别只为下一次相聚。秉持奥林匹克精神,我们关注人性光辉始终甚于关注奥运本身,因为奥运是为塑造人类共生共享的精神而来。

总之,班会主题的时代性和班会素材的广阔性不仅可以开拓学生视野的广度和思想的深度,还能培育学生的社会责任感。让学生明白自己就生活于这样一个世界,身处这样一个时代,这个世界与这个时代跟自己息息相关,世界需要我们,时代属于我们,我们对世界的理解,在时代中的贡献,最终将影响我们自己。苏霍姆林斯基说,"真正的教育要培养一个人对他人、对社会和对人民的一种责任感","人的崇高道德职责就在于,在自己身后给地球留下能增加人民财富的遗产"。

同时,将世界放进班会,也有助于彰显班主任的思想深度和个人魅力。李镇西老师在《做最好的班主任》一书中倡导班主任应当成为一个"思想者",而不是一名"教书匠"。两者的重要区别就在于"作为思想者的教师,在踏踏实实地做好每一件具体教育工作的同时,还应不断地关心、思考社会发展与学校教育的相互影响,甚至当代思想理论界的热点讨论、国际上的风云变幻都能使他联想到自己的教育"。班主任的言谈举止一定会潜移默化地影响学生对世界、对社会的认知,如果班主任没有胸怀天下、放眼世界的素养,在班会上只斤斤计较于"班级量化多少分"、"学校考评第几等",又如何能培养出同样"放眼世界,胸怀天下"的学生呢?请让我们铭记教育家陶行知的忠告,"今日的学生,就是将来的公民。将来所需要的公民,即今天所应当养成的学生。"

第三章

异彩纷呈的班会形式

导语：班主任既然是学校德育的主角，班会就应当是学校德育的戏台，就像同一台戏会有不同的声腔流派，同是班会也可以有不同形式的上法。"运用之妙，存乎一心"，只要班主任勤于思考，大胆实践，螺蛳壳里也可以做道场，一个"回"字也可以有四种写法，甚至不止四种。

一、激情演讲　震撼人心

班主任在班会上就一个问题做一次演讲，这是最常见的班会形式。同时，我认为这也是最重要的一种，因为班主任可以根据实际情况，灵活机动、有针对性地开展班会，时效性很强。可是，要想开好班会那是很不容易的，如果准备不充分，想到哪讲到哪，必然缺乏吸引力和感染力，效果自然不会好。下面就结合自己的经验和体会，将我觉得最需要注意的几个方面与大家分享。

1. 主题要新颖深刻

一次成功的班会，主题确定一定是从学生需要和班级实际出发的。那如何做到"新颖深刻"呢？这就需要班主任在主题的表述上，也就是你演讲的标题上下大功夫。要简明生动有创意，在保证能够吸引学生的同时，还要能准确地体现你的观点和思想。同时，要便于学生记忆，争取让学生过目不忘。学生在听完你的演讲之后，那个标题要像钉子一样楔入脑海，哪怕他忘了你演讲过程中说的大多数话，也不会忘记这个标题，只要他记得住这一句，就能知道自己该怎么做。也许你要说：这不是太难了吗？其实不难。当你想到"李宁"这个品牌时，脑海中会回响起哪句话？——对，"一切皆有可能"！当你想到"美的"电器时，耳畔又会想起哪句话？——对，"原来生活可以更美的"！我们的班会主题就应该像这样简洁明快、寓意深远又极具个性，这是可以做到的。我的学生即使已经毕业，如果你问他我给他们上过哪些班会，他们一定会脱口而出："不要像一般人一样生活"，"成功就是每天进步一点点"，"让别人因我的存在而感到幸福"，"主动学习赢得学习的主动"，等等。当他们说出这些标题的时候，我相信他们同样会明白理想的价值、成功的秘诀、善良的可贵和主动的必要。这些标题都已经成为我们师生之间共同的"语言密码"，是我们区别于其他班级学生的标志之一。这也正是班会主题新颖深刻的意义之一！

同时，班会内容要"入情入理"。班会演讲和写论说文一样要"以情感人，以理服人"，只有这样，你演讲的内容才能感染人。所以，我们在准备演讲素材的时候，一定要在"情"与"理"上做文章。

2008年元旦的前一天晚上，高一、高二的所有班级都在开元旦晚会，欢声笑语源源不断地袭来，而学校要求高三毕业班和我们复读班的学生正常上自习，且明令禁止办晚会。学生们只好乖乖地在教室里学习，门窗紧闭。为了少受干扰，他们还主动将窗帘拉上。我知道，经过近一个学期的紧张学习，他们何尝不想在这具有特殊意义的晚上痛痛快快地玩一场。可是，他们似乎也意识到自己的"特殊身份"，没有谁对学校的决定提出异议，但我还是感觉到他们内心的波动和渴望。怎么办？我不能公然违抗学校的禁令，又不能不去安抚学生的心，同时我也不想失去这样一个大好的德育时机，更想在今天晚上给明天就要步入新年的学生送上一份祝福。于是，我决定开一个临时班会，在办公室理清思路，组织一下语言我就走进了教室。我说：

翻过这最后一张日历，我们就要结束这让人一言难尽的2007；度过这普通的一夜，我们就要沐浴那让人无限憧憬的2008……

空气中正弥漫着高一、高二同学欢乐的节日气氛，他们一定有一个五彩缤纷的教室，一定有精心准备的节目，一定有纵情的欢笑，有幸福的热泪，有激荡的情怀。这些，我们曾经都有过，可是现在，正如朱自清先生说的"热闹是他们的，我什么都没有"！我们端坐于教室，埋首于题海，窗外的音乐和笑声通过玻璃变成一种背景，考验着我们的定力，牵扯着我们的心绪，是不是感觉到有一丝苦涩，有些许无奈！是呀，"热闹是他们的，我什么都没有"，看来真要将朱先生引为知己了！

可真的是这样吗？我倒觉得这样更具象征意义，这象征着我们的2008年会是寂寞的。实际上，为了理想而执着追求的人必然寂寞，他要拒绝喧哗的诱惑，保持一份清醒；他要抛弃热闹的放纵，保持一份坚定。他更关注的是现在离自己的理想还有多远，如何到达；他更挂念的是以后还会遇到多少困难，如何克服。多少美丽的诗篇都是在清冷的他乡写就，热热闹闹的客厅怎能激发灵感；多少成功的实验都是在冷清的实验室完成，熙熙攘攘的广场怎能保持思维缜密。

这还象征着我们的2008年会是艰苦的。实际上，求学的道路必然崎岖，进步的阶梯永远陡峭。不用说什么悬梁刺股，不用说什么囊萤映雪，也不用说"梅花香自苦寒来"，也不用说"宝剑锋从磨砺出"。我们自己在2007年的经历就足以雄辩地证明这一点！

我们不应羡慕他们，我们也曾经有过那样"激情燃烧的岁月"，那是不能忘怀的记忆，就像一坛陈酿，只需启开一丝缝隙都能让人微醺。我们更应该珍惜现在，就像一份定额存单，每支出一天都减少一分，如果不能将它们投资在有价值、有回报的项目上，迟早都会变成穷光蛋！

明天我们就要回家，回家后可以好好放松一下，虽然没有充足的时间，也不要浪费这难得的一次假期。可是明晚，一定要待在家里，即使平时跟父母关系紧张，也不要外出，陪着他们，聊聊天，看看电视。如果你们关系很融洽的话，不妨在力所能及的情况下给他们一点小小的惊喜，表达对他们的感激和祝福！要知道，今年他们因为我们受了太多的委屈，经历了太多的尴尬，体验了太多的忧虑，那就想想办法让他们明晚不要再为我们担心，脸上多一些欢乐，心里多一些甜蜜！

后天最好给你以前的同学、老师和朋友打个电话，送上新年的祝福，不管最近怎么样，都要告诉他们"我现在挺好的"。这不是虚伪，因为我们现在并不能为他们做些什么，那么在这个时候就多让那些真正关心你的人分享你的快乐。年深日久，你就会知道，有人关心、被人牵挂也是一种深深的幸福！

最后，我要为你们献上我的祝福：快乐陪你度过一天中的每一时；平安伴你走过一时中的每一分；健康牵你度过一分中的每一秒。祝你一切都好！

当我讲完，学生们自动鼓起了掌，一些女生频频拭泪。我想他们带着我的祝福，也就不至于感觉这个新年太过冷清了吧……

2. 语言要充满激情

班主任演讲时充满激情的语言是一种极重要的德育力量。苏霍姆林斯基在《谈语言的教育作用》中说："应该让教师的每一句话都充满激情，这些话能让学生们欢喜雀跃、激动不已，或心旷神怡、义愤填膺。做到这一点是何等的重要啊！如果你的语言不能闪现出情感和火花，不能让人热血沸腾，不管你的语言意义有多么深远，在学生听来，它也是毫无生气的。"在班会演讲时尤其应当做到这一点，用自己充满激情的语言去点燃学生心中的激情。

我给学生做过这样一次班会演讲——"心灵的高度决定生命的质量"。在用课件展示邓亚萍不同时期不同身份时的照片之后，我展示了她骄人的简历和她的经典语录：

生日：1973年2月6日

祖籍：河南（是我们老乡）

荣誉：世界著名乒乓球运动员，曾两次出任国际奥委会运动员委员会委员，共获得18个世界冠军，包括4个奥运会冠军

学历：清华大学本科，英国诺丁汉大学工商管理硕士毕业，英国剑桥大学土地经济学博士

邓亚萍经典语录：

1. 我只要能赢你就决不输给你。

2. 我总能找到自己行的理由。没有人认为我是乒乓奇才，但我就是要打服别人。

3. 我不比别人聪明，但是我能管住自己。

4. 我只是要求我自己尽力。

5. 关于未来就是做好现在。

然后，我借用了网上流传甚广的一篇文章《心灵的等高》中的几段话来表达我对他们的期许，学生听后深受鼓舞——

可以不是伟人，但心灵要与他等高；可以不是英雄，但心灵要与他等高；可以不是智者，但心灵要与他等高。

所以，卑微者不是指一个人成就、地位的低下，而是由于心灵卑微导致的人格低下。所谓高贵者也不是指一个人功高盖天、名可盖地，而是心灵永远和高贵者等高而导致人格崇高。

把自己的心灵放在一个确定的高度，按这个高度去追求、去奋斗，自然就不会为眼前的一切所扰乱了，不会认为自己低人一等，可以扬着头走路，那该是多么的畅快！

心灵与伟人等高，心中就会装进整个世界；心灵与英雄等高，心中就会生长勇敢无畏；心灵与智者等高，心中就会开满智慧的花朵。这样，你的人格的脊梁才会挺直，才可以真正昂着头活下去。

最后，我说了这样一句话，天才的全部秘密，其实只有6个字：不要小看自己。我借此将此次班会的主题以另一种更加通俗易懂的方式表达出来，给学生留下了深刻的印象。

3. 素材要丰富鲜活

其实，这是非常重要的一个方面，它的价值在于保证班会过程中有足够吸引力的同时，使你的演讲更具说服力。不过，关于这一点，我在"丰富、鲜活、深刻的班会素材"部分已有更为详细的论述，恕不赘言。

班主任利用班会发表"激情演讲"来震撼学生心灵这种形式，我是非常重视的，一般要提前两三天开始准备，确定班会内容要与班级的实际密切联系，选择主题要新颖深刻，理清思路，争取条理清晰并能将问题讲透，准备资料要力求丰富、新鲜、形式多样，最好能有些美文、美图、音频、视频，最后要写出演讲稿，至少也要列出提纲。这样，我才从容自信地走进教室。

二、视频观赏　心领神会

我的电脑里有一个专门存放"德育视频"的文件夹，保存的有一年一度的"感动中国"颁奖典礼，中央电视台的几个金牌栏目如"艺术人生"、"面对面"、"实话实说"、"焦点访谈"、"我们"的部分节目，还有网络上热传的视频材料，只要有教育意义，适合学生观赏，我都会下载，利用班会课让学生观看,并写出心得体会进行交流。这种班会形式的一个最大的优势就在于学生喜闻乐见,学生平日里在学校生活节奏很快,学习任务也不轻松,没有时间也没有机会观看这些优秀的电视节目。现在,经过我挑选后拿到班会课上师生一起观赏,也是一种寓教于乐的做法。

不过,这毕竟是班会,不是影视欣赏,所以,怎么将这种班会形式运用好,班主任还是要花些心思的。

(1) 首先,班主任挑选的视频材料要主题鲜明,有很强的德育意义。班主任在准备材料的时候当然要考虑学生的喜好,挑选能吸引学生的,但也不可一味迎合学生口味,而不顾实际的教育意义。我的取舍标准是"德育第一,兼顾趣味"。只有这样才能避免这样的现象——学生热热闹闹、高高兴兴地看完了,却只当作一次放松和娱乐,没有受到任何教育。所以,我在选择时就特别谨慎。

比如,我曾经在班会课上跟学生一起看了"面对面"的一期节目"贫困助贫困"——王志专访北大女孩刘默涵。刘默涵,北大历史系学生,"默涵助学金"的发起人,一个自身贫困不忘回报社会、打工赚钱资助他人的坚强善良的女孩。她初中时因交不起学费被学校开除,背着书包、端着凳子、边走边哭的经历刺痛了学生;她上大学以来每天生活费定量开支,今天超支明天节省下来的做法震动了学生;她成立了助学金,还有她进行教育培训、捐建图书馆、为国家扶贫提供调研数据的志向打动了学生。她的经历和理想让学生明白:一个人身处贫困之中而不沉沦,是坚定;一个人仅凭一己之力改变自己的生存状态,是顽强;一个人刚刚解决温饱问题就致力于帮助他人摆脱贫困的事业,是善良。刘默涵,用她不平凡的经历,用她坚强善良的品质,用她乐观自信的情绪告诉学生:上帝是公平的,上帝的公平并不意味着给每个人一样的东西,而是体现在他拿走你一部分东西后一定会以另外的方式给你补偿。他拿走你欢乐无忧的童年,会给你自立负责的态度;他拿走你富足安乐的生活,会给你刚强坚韧的性格;他拿走你一帆风顺的经历,会给你乐观自信的心态;他拿走你光鲜体面的享受,会给你善良悲悯的胸怀。

这个节目对学生的冲击力非常大,上面的许多语言都是我从学生的班会随笔中摘录的,可见学生看得很仔细,思考得很深入,教育意义自不待言。批改完学生的随笔,我在课堂反馈的时候说了这样一句话:人有自强之志,天无绝人之路!将这则材料的主题鲜明地点出来,希望给学生留下更深刻的记忆。

(2)与主题鲜明相联系的还有视频材料要能激发学生的情感,要有很强的感染力。古人云,"感人心者,莫先乎情。""感动中国"的那些人物之所以能感动世人,不就是因为他们每个人身上都散发出迷人的情感的芬芳吗?有对祖国的真挚热爱,有对事业的执着追求,有对他人的无私关爱,有对苦难的永不屈服。班主任选择的视频材料也要有这种打动学生心灵的情感力量。

2007年的一次班会上,我让学生观看了"实话实说"的一期节目——"假如生命还有238天"。主人公是2006年"感动中国"的获奖者黄舸和他的父亲黄小勇,因为黄舸的治疗医生认为他最多活到18岁,而此时他距离18岁生日仅有238天。学生看得很认真,开场时的掌声,中间的感叹与抽泣,都让我感受到了他们的投入。结束时,我让学生写一篇班会随笔"假如我的生命还有238天",也想借此了解他们对生活和生命的态度。已经被节目中黄氏父子的感恩之心,尤其是黄舸的坚强乐观深深打动的学生,在写随笔时很坦诚。有一个男生说,想要跟好朋友喝一次酒,因为长这么大还没有喝过酒,不知道醉是什么滋味。还有几个学生提到一定要向自己暗恋的人告白。当然,更多的还是充满温情和遐想。比如,要好好尽一尽孝,或为父母做饭,或陪他们聊天,要好好跟兄弟姐妹相处,安慰他们,并拜托他们照顾父母;要见见以前朝夕相处现在却天各一方的好朋友;要饱览祖国的名山大川,在内蒙古草原上看星星、骑白马,在西藏拉萨看一看全中国最纯净的蓝天和白云,并在布达拉宫为自己的亲朋祈福;还有的想读一读一直没时间、没机会看的书籍……他们的文字中流露出来的对亲人朋友的眷恋、对生命的热爱、对生活的向往,以及由这一期节目获得的面对残酷现实的平静和理性、在这种平静和理性支配下做出的规划和安排,也深深地打动了我,让我潸然泪下!感动之余,我创作一首小诗《生命的关键》送给学生,通过这首小诗,我将学生的体验和我自己的感悟浓缩成一句话——"把握现实的每一天"才是生命的关键,引导学生正面认识生命的短暂与宝贵。

苏霍姆林斯基说:"教师的任务就是激发孩子的道德、智力、情感,触动和塑造学生精神世界中最美好的东西。"要完成这一任务,实现这一目标,让学生通过视频观赏,感受人类心灵中最美好的情感应该是一个有效的途径。

(3) 还有很关键的一点,在观赏完视频材料之后,班主任一定要有后续的德育行为,或者师生当堂讨论观后感,或者让学生课下写班会随笔。对此,我称之为"后班会行为",目的是努力将学生的感性体验,内化为更为深刻、更能持久的理性思考,这也是学生进行自我教育的过程。就像上一个例子,如果学生没有写随笔的话,很难激发他们对生命更深刻的理解,对生活更强烈的热爱!

《班主任专业化读本》一书中引述了中央教育科学研究所刘惊铎教授《道德体验论》中的精彩论述,他说:"道德智慧和道德觉悟的生成,不能仅仅依靠接受有关道德规范知识去达成,而是有赖于体验。体验者的德性和道德境界不是导引者能够灌输给体验者的,而只能是在导引者的导引下,由体验者自己在其亲身生活阅历的基础上被诱发或唤醒而获得。"书中还说:"体验者真正获得了切身体验的东西,才容易入其脑入其心,珍藏久远,成为其德性中的有机组成部分,有效提升其道德境界。"班主任精心挑选视频材料,与学生一起观赏、思考、表达、交流,正是引导学生去体验的一种方式,经由学生自己的体验产生的道德智慧,必将有效提升学生的道德境界。这也正是班主任德育工作成功的表现。

三、自主讨论　愈辩愈明

"自主讨论"是能真正体现学生的德育主体地位、展现学生个性风采的班会形式,班主任应予以充分重视。我在班会的实践中又把它分为两大类:一类是"半自主式";一类是"完全自主式"。两类各有特色,各具优势,班主任要根据实际情况选择。

1. 半自主式

所谓"半自主式",是指讨论的材料和论题由班主任选择确定,学生进行讨论,班主任可以全程参与讨论,也可以只是在讨论陷入僵局或出现偏差时,及时加以引导,并在讨论的最后做总结。

在这种形式的班会中,班主任最重要的工作就是要选择确实有讨论价值的论题。需要注意的是:第一,论题不能太随意,一定要有明确的目的性,杜绝为讨论而讨论。第二,论题不可太宽泛,要考虑到学生实际的认知水平和知识储备,最好能贴近学生学习和生活的实际,否则难以深入下去,不大可能获得被广泛认同的结果。第三,论题不要太陈旧,要与时俱进,能够体现时代特征,不回避社会热点,其实这一点也是保证学生参与热情的重要因素。班主任只要明确了这几点之后,就一定可以找到学生感兴趣又能保证讨论效果的论题。

2006年9月,我在中央电视台科教频道"走近科学"栏目看到一期节目,标题叫"神奇的哥"。这名出租车司机名叫臧勤,在上海大众出租车公司工作。多数出租车司机月收入不到3000元,而他的营业额平均每月在1.6万元左右,扣除各项支出后,月收入约为8000元,是行业内数一数二的高薪司机,臧勤因此被称为"神奇的哥"。他被中央电视台发现的过程,也颇具传奇色彩。微软中国公司全球技术支持部部门经理刘润,在打的赶往机场途中与这位上海"的哥"进行了一次"深感震撼"的交谈,用他自己的话说"像上了一堂生动的MBA案例课",随即在网上发表一篇名为《出租司机给我上的MBA课》的博文。此文在几天内被众多网站转载,短短十天之内,仅刘润博客的阅读量已达2.7万人次。后来,刘润还邀请臧勤前往微软公司为50多名员工"上了堂课",45分钟里,讲话被掌声打断8次。之后,的哥臧勤就成了一位"名人"。看完节目之后,我也被臧勤的"成功哲学"深深折服,想到我平时经常对学生说:"成功是每一个人的梦想,但为什么那么多人梦难成真?难道真是先天不足、运气不佳、对手太强?不!不是没有成功,而是暂时没有找到方法!成功一定有方法，你也做得到！"现在，这不就是一个绝佳的"成功案例"吗？我敢肯定，它一定也会给学生带来很多有益的启示。于是，我在班会时用多媒体播放了这一期节目"走进科学——神奇的哥"，时长约20分钟。在看之前，我布置了一个任务，也就是要讨论的话题——"臧师傅是如何月赚8000元，成为'上海第一的哥'的"。

学生显然对这个话题很感兴趣，不少同学边看边记，试图总结出臧勤成功的"秘诀"。看完之后，我让大家先交流一下自己的心得，然后一起讨论。大家讨论得非常热烈，不断有同学发现其他人忽略的细节，互相补充。最后，我在同学们的"帮助"下在黑板上写出了臧勤成功的"公式"：科学方法+钻研精神+阳光心态=优异业绩。

由于自始至终都是学生自己的认识和体会，最后引入对学习的借鉴意义也就水到渠成了！我说：如果我们在学习中能够不断总结科学的方法，拥有刻苦钻研的精神，同时保持一种健康乐观的心态，你也可以创造出一份属于自己的奇迹！

由于这个案例实在经典，可供挖掘的内涵非常丰富，在那之后，我带的每个班都会观看并讨论，而且学生的认识角度同中有异，这也加深了我对这个材料的理解。比如，我带的一届复读班的学生就特别佩服臧勤不断挖掘"利润空间"，并不断实现超越的做法和精神。为了强化学生的这一认识，我最后总结时说：一个人的潜力是无穷的，当别人觉得自己一个月赚3000元就顶天了的时候，臧勤师傅用自己的实践证明月赚8000元是完全可以的。我们在学习上不也是这样吗？！所以不要认为自己就注定在一类本科上下、二类本科徘徊或三类本科挂边，我们还有252天的时间，你同样可以创造奇迹。首先要敢想，如果连想都不敢想，你就根本不会成功！最重要的是还要"会做"，成功一定有方法，确定了一个目标后，要千方百计地为实现它想办法，不放过任何机会。同时还要善于学习，勤于总结，不断改进自己的方法，力求尽善尽美！当你专注于一件事，并将它做到极致时，离成功也就不远了！设定适合你自己的明确目标，规划好实现的步骤，并果断地踏出第一步，你也会成为"神奇的人"！因为，这就是成功的方法！

2."完全自主式"

所谓"完全自主式",就是学生自主选题,自主策划,自主参与。我在对学生有了一定的了解之后,就开始尝试放手让学生自己开班会,分组负责,民主推举组长和主持人,分工合作,从选择主题、形式策划、收集资料、制作课件,直到最后的组织参与,全部由学生负责,我只以顾问和技术指导的身份解答疑难。开完之后,让他们收集反馈意见,写成书面报告,在下一次班会前向全班同学汇报。

这种形式的班会,班主任的工作是充分调动学生的参与热情,帮助学生合理分工,提供学生需要的各方面的指导。所以,班主任看似"完全放手",其实一点也不能当"甩手掌柜",往往比自己组织一次班会还要"麻烦"。但是,一想到这样可以锻炼学生的组织协调能力,增强学生合作交流的能力,还能强化他们班级主人翁的意识,再"麻烦"也是甘心的。

还记得学生组织过一次主题为"身为一道彩虹"的班会,学生选取了"中学生对国家、对社会、对家庭的责任"这个内容,通过丰富的图片、视频以及深情的演讲,表达对历史的回顾、对现实的关注以及对父母的感激,号召大家努力学习完善自我,让每个人都成为一道美丽的彩虹。一切都是学生自己在策划,一切都是学生自由的表达,最后学生受到的教育恐怕要比从我这个班主任处得来的要深刻。

还比如学生自己组织的那次"学习方法和学习态度哪一个更重要"的辩论会。全班学生按照各自的观点分为两方,然后每一个都行动起来寻找论据材料,大家一起挑选辩手、组织辩论语言、学习辩论规则和辩论技巧,甚至还向我要求全班集体观摩一次国际大专辩论赛。等他们一切准备就绪,我请来任课教师、年级领导与学生代表一起组成"评委团",观看了他们唇枪舌剑的表演,领略了他们生动活泼的语言。通过激烈的辩论,大家对学习方法的认识更加深刻,学习的态度更加主动,不管最后谁输谁赢,我这个班主任、我们这个班级里的每一个人都是最大的赢家!

几年班会实践的经验告诉我,班主任给学生多大的空间,他们就能将它变成多大的舞台,给学生一个机会,学生还你一个奇迹——这就是"自主讨论式"班会的魅力!

四、节目仿制　耳目一新

"节目仿制"指的是模仿一些电视节目的形式来开班会,限于条件,通常模仿的是制作周期短、容易操作的人物访谈节目。一些大型综艺节目较难把握,班主任可以根据校情、班情和学情谨慎选择。

"节目仿制"这种班会形式,由于参与人数众多,环节相对复杂,班主任要做的工作很多。

1. 确定仿制对象

每一个成熟的节目都有自己的特色,班主任需要认真研究思考这样一个问题,"这次班会内容到底适合哪一个节目"。比如,"面对面"是对新闻热点人物的专访,其宗旨是用"人"来解读新闻,见证历史。节目渴望了解这些新闻中的人——他们知道什么?做了什么?为什么?所以需要与他们进行面对面的交流,面对面的印证。同样是人物专访节目的"人物"和"大家"采访的多是"术业有专攻",在本专业、本行当的领军人物或大师巨擘。而"高端访问"的采访对象是政坛要人、商界巨子或具有世界影响力的明星大腕。所以,不同的栏目定位,决定了各自的亮点。班主任在跟学生一起商讨仿制对象的时候,一定要考虑这些。

2. 选拔"主创人员"

这种班会形式在策划阶段可以群策群力,但到了实际"制作"阶段不大可能"全班总动员",需要选拔几个"主创人员"去具体实施。他们的产生要得到其他学生的充分认可。他们负责收集其他学生关心的问题,在采访过程中要具有很强的沟通能力和现场反应能力。这一点至关重要,往往直接决定

"节目"的效果。

还要布置"演播场地"。当然，一般情况下"演播场地"就是在自己的教室，但也要做适当的布置，烘托一下气氛。比如，可以在黑板上写上"节目"名称、采访对象的姓名和一两句介绍性的文字。如果有多媒体的话，可以做一张PPT，用大屏幕显示出来，还可以在幻灯片上添加一些效果。教室的桌椅也可以根据需要挪动一下位置，摆出些造型。还可以悬挂一些物品增加"现场感"。这些当然可以完全交给"主创人员"背后的"制作团队"，但是班主任要全程关注，提供必要的建议和支持。

3. 点评"节目效果"

如果"节目"非常成功，班主任一定要及时充分地肯定。即使有一些问题，班主任也要予以鼓励，并提出改进意见。如果有必要的话，在点评中，班主任要明确或升华一下本次节目的意义。

下面，介绍一下我的班级曾经仿制过的一些节目。

在新班级组建之后，我一般会模仿"面对面"策划"任课教师系列访谈录"，我给它定了一个新的栏目名称叫"问学"。每次邀请一位任课教师走进班会，讲授本学科的内容特点、学习方法、高考要求等，并回答学生的疑问。由本学科课代表担任"王志"的角色，事先收集学生在学习中存在的问题，以及学生关心的与任课教师相关的其他问题，并在节目开始前与任课教师充分沟通，设计采访环节。我在"巧借任课教师之力"部分说到过这个"节目"的效果——"一下拉近了师生间的距离，学生们得以释疑解惑，找到了努力的方向，信心大增；老师们看到了学生的学习热情和求知欲望，也深感任务艰巨，责任重大，工作起来更是干劲十足"。

在一些重要考试之后，我们班会模仿"人物"栏目策划"优秀学生系列访谈录"，名称叫"问道"。邀请本班甚至外班总成绩或单科成绩优异的学生走进班会，谈自己的学习方法，给其他学生树立榜样，提供建议。在节目中，设有学生自由提问的环节，就自己学习中遇到的问题当面请教。由于这些"人物"都来自学生身边，特别有亲和力和说服力。

我在教高一年级时，曾经邀请年级主管校长和各位主任走进我们班的班会，模仿"高端访问"，回答学生对学校管理、学习安排和饮食住宿方面的问题。帮助学生了解自己即将生活学习三年的地方，熟悉环境，明确要求，早日进入高中阶段学习的角色。

在期终或年终的时候，我们班一般要进行"感动班级十大人物"的评选，让学生模仿"感动中国十大人物颁奖典礼"，组织策划"感动班级十大人物"的颁奖典礼，撰写颁奖辞，设计访谈问题。通过这一形式，对班级的生活、学习等方面进行总结，表扬先进，凝聚人心；树立典型，鼓舞人心。

我在多次实践之后，认识到这种班会具有几大优势：一是形式新颖，令人耳目一新；二是趣味性强，学生的参与热情高；三是包容性强，可以邀请众多采访对象，扩展班会内涵；四是附加值高，可以使参与的学生得到多方面的锻炼，如人际交往能力、语言表达能力、组织策划能力等。

五、聆听窗外　传经送宝

"聆听窗外"班会形式的想法，是受新教育实验的启发。新教育实验"六大行动"之一就是"聆听窗外声音"，目的是"通过开展多种形式的报告会活动，充分利用校内外的各种教育资源，引导学生热爱生活、关注社会，培养学生积极乐观的人生态度，促进其多元价值观的形成"。在将它移植到自己的班会之后，我增加了一点德育目标，那就是"提升学生的思想道德水平和人格境界"。也正是因为这一自觉的德育意识，我在选择和邀请主讲人时，一般都会与之商讨如何突出报告内容的德育价值。

我觉得"窗外"的声音，首先应该考虑的是本校其他老师的声音。每一位老师都有自己的专业知识、兴趣爱好和个性特长，再加上都是本校老师，相对来说较为熟悉，沟通交流起来也比较方便，他们一般都不会拒绝你的盛情邀请。所以，我认为这是一笔丰富而宝贵的德育资源，班主任一定要善于发现和利用。这是弥补自身知识结构等方面的不足，使自己的班会更具魅力的重要方式。

我曾经邀请学校心理学专业的黄老师,到班级给学生做过一次"青春期心理健康"的专题讲座。黄老师用丰富的专业知识、生动典型的案例、妙趣横生的心理游戏和精心准备的课件深深吸引了学生,使他们明白了如何把握男女生交往的尺度,掌握了心理调适的方法。这些都是我这个学中文出身的班主任难以企及的。

2006年的暑假,我们学校有几位青年教师一起骑着自行车到西藏,虽然因为种种原因最终并没有到达,但也不远万里到了青海,风餐露宿,雨打风吹,甚为不易。开学之后,其中的一位老师给学生讲了一路上的见闻和感受。学生看着他黧黑的面庞,听着他生动的描述,欣赏着他拍摄的照片,无不感到惊奇、震撼,对老师的这一次壮游深表羡慕,对老师的顽强意志深表钦佩,也平添了他们执着于追求目标不惧困难的勇气。

另外,"窗外"的声音还应该来自社会。班主任应该在条件允许的情况下邀请社会人士走进班级,走进班会。这些社会人士,不一定非得是社会贤达、高官巨贾,因为班主任的力量毕竟有限。我认为,学生家长和班主任的朋友就是可以动用的德育资源。只要他们对某一个有教育意义的问题有深入的思考和独到的见解,班主任就应该真诚地发出邀请。在这方面,我有两位同事的做法很成功,也给了我很好的启示。

我的同事魏俊起老师在此次金融危机席卷全球的时候,邀请了一位在市委党校从事理论研究工作的学生家长走进班会课堂,给学生做了一次"金融危机的道德启示"的报告。这位家长用丰富翔实的数据、深入浅出的语言,给学生解释了金融危机的导火索——"美国次贷危机"到底是怎么回事,以及金融危机对世界和中国的影响,尤其突出华尔街的金融人士不顾职业道德和社会良知滥用"金融创新"的危害。最后,他引用温家宝总理的话说:"希望每个企业家、每个企业,在他们的身上都应流着道德的血液。生产经营与道德的结合才能使一个企业成为社会所需要的企业。"他告诫学生,无论大家将来在哪个领域,从事什么工作,都应该恪守道德底线,一旦逾越将会给自己、给他人、给社会带来严重伤害。

我的另一位同事秦望老师的做法更是令人拍案叫绝。他修皮鞋时看到在修鞋摊上放着几本字帖，还有几张纸，上面有显然是刚写过没多久的还散发着墨香的字，古朴苍劲，很有章法，绝不是信手涂鸦，没有多年的扎实训练是写不出来的。于是，他问这位修鞋的老人这是谁写的，没想到老人回答说是自己。秦老师一下来了兴致，跟他聊了起来，才知道老人没有正式工作，晚年就是以修鞋为生，平生只有一个爱好就是写字，又无力拜师学习，只好钻研字帖。即便现在，每天都还要写几百个字，修鞋空隙就看看字帖，体会古人一撇一捺之间的苦心和功力。秦老师听了深受感染，于是说："我是咱们市一中的老师，也是一位班主任，想请您给学生上一堂书法课，您看行不行？"老人一听很激动，但又有些犹豫，他说："我只是一个普普通通的修鞋匠，怎么能给咱们市最好的学校的学生讲课呢？"秦老师说："请您不要推辞，您刻苦钻研的精神正是现在的学生普遍缺乏的素质，您本身就是对学生最好的教育呀！"老人听了很不好意思，但是在秦老师的再三恳求下，还是接受了邀请。在下周一班会时，秦老师将老人带到教室。果然，学生听了老人的人生经历，又看了老人带来的书法作品，无不深受感动。最后，老人主动提出为学生们写几个字，学生一听纷纷拿出自己最心爱的书本——向老人求字，这将班会推向了高潮。秦老师总结说："一个人可以没有什么丰功伟绩，但一定要有一种不屈不挠的精神，不向生活低头，不被困难打垮。只要具备这一点，你就会像这位老人一样成为一个'精神高贵'的人，一个大写的人！"这几句话让老人泪光盈盈，让学生肃然起敬！可以说，秦老师是用自己的真诚和睿智给学生上了一节生动的励志班会课。

以前我们经常说一句话：广阔天地，大有可为。我觉得在班会工作方面，这句话同样适用。只要我们班主任不被思想枷锁束缚，将眼光放得长远一些，将视野变得开阔一些，就可以发现在自己周围有无限丰富的德育资源，当我们将它们一一请进班会课堂时，会和学生一样发现班会的魅力与魔力。

第四章

原汁原味的班会案例

导语：古诗云，"纸上得来终觉浅，绝知此事要躬行。"俗话说，"看花容易绣花难。"实践有时确乎比认知难得多，然而"实践出真知"。我的班会研究的起点就是自己的实践，没有工作五年来上百次的班会实践，没有同样数量的班会前的准备和班会后的反思，我不可能收获前面几章的体会和经验。本章所选班会案例均力求原汁原味地再现自己的班会原貌（另有三篇同事佳作）。

一、不要像一般人一样生活

1. 德育主题

学生升入新的年级或进入新的班级后会有两种倾向：一部分心态积极的学生会觉得自己到了一个新的环境，拥有了一个新的舞台，不管以前怎么样，现在是一个重新开始的机会，有一种追求进步的冲动；一部分心态消极的学生会觉得自己好不容易上了高中（尤其是升入重点高中），或者现在离高考还很远，可以先歇歇，以后再努力不迟。

其实，不管学生有哪种心态都需要班主任及时地给以指导和提醒。对前一种，要将学生的这种冲动变成理性的可持续的学习行为和习惯；对后一种，更需要加以正面引导，通过树榜样、讲道理，帮助学生形成正确的学习观和人生观。

对高中学生来说，摆在他们面前的不仅是高考，还有更重要的课题——如何规划自己的未来，而我们的高中德育大多忽略了这一点，绝大多数学生并不知道如何规划自己的人生，更不知道如何实现对人生的规划。这不能不说是一种缺憾！

正是基于这两点考虑，作为高中班主任，很有必要在新班级组建之时对学生进行这样一次"学习观教育"和"人生规划教育"。

2. 德育目标

（1）树立正确的学习观；
（2）懂得如何规划自己的人生。

3. 德育过程

今天想跟大家分享在我参加工作后对我影响最大的一句话——"不要像一般人一样生活"！这实际上只是半句话，还有后半句——"否则你只能成为一般的人"！这一句质朴的话为什么给我留下了深刻的印象呢？因为它给了我反思自己生活和工作的标准，同时给了我巨大的警示！我不断地问自己，我想要过什么样的生活？我想要在工作中取得什么样的成就？我每天是不是跟很多人那样浑浑噩噩，当一天和尚撞一天钟？我今天做了哪些不同于他们的事情？所有这些对自己的质问都指向一个目标，那就是"不要像一般人一样生活"！

我发现，这是一个平凡甚至平庸受到普遍认可的时代，在这个时代里，最不缺乏的是对待事业故步自封的"一般人"，也不缺乏对待工作偷奸耍滑的"一般人"，更不缺乏对待生活麻木不仁的"一般人"。所缺乏的是坚守信念、坚持理想、坚定追求的"不一般的人"，所缺的是不甘平庸、不慕虚荣、不易满足的"不一般的人"！

可是怎样才算做到了"不要像一般人一样生活"？怎样才能最终避免"成为一般的人"的宿命呢？我相信每一个人都不甘平庸，每一个人都对未来的人生产生过美好的遐想，所以，这要看大家如何实现自己的人生规划。

（师生互动设计一：老师可以引导学生回忆看过的类似文章或电视节目，允许学生短暂讨论，然后提问，由学生回答。）

今天，我想谈谈自己对这一问题的思考，与大家分享！有四个要素。

第一，志存高远。

清晨，一个很喜欢跳舞的农家女孩，在白雪皑皑的村子里翩翩起舞，她梦想着有机会能够在真正的大舞台上尽情地表演，旋转她那优美的舞姿。于是，她一直跳着，不断地努力着，终于，她从农家小院跳到了大众舞台，从孤身一人跳到万人共舞……

这就是那个我们很熟悉的公益广告，它还有一句经典的广告词："心有多大，舞台就有多大！"生活就是为我们提供的一个大舞台，你想成为什么样的人，取决于你对自己生命的规划与定位。如果你把自己的生活目标定得那么卑微、那么平凡，那你很难获得向更开阔的事业和人生奋进的可能。

目标只要不是高得成了海市蜃楼，那么就尽可能远大一些。目标越远大，越能充分挖掘你的潜能。一个目标远大的人，即使实际没有达到最终的目标，可他达到的目标往往比设定小目标时大。

1949年，一个24岁的年轻人充满自信地走进了美国通用汽车公司，应聘会计工作。当时，通用公司只有一个会计的名额，面试官告诉这个年轻人，竞争这个职位的人非常多，而且，对于一个新手来说，可能很难立即胜任这个职位的工作。但是，这个年轻人根本没有认为这是一个困难，相反，他认为自己完全可以胜任这个职位，更重要的是，他认为自己是一个善于自我激励、自我规划的人，他说自己来应聘的目的就是想成为通用汽车公司董事长。

正是由于年轻人具有自我激励和自我规划的能力，他被录用了！录用这位年轻人的面试官这样对秘书说："我刚刚雇用了一个想成为通用汽车公司董事长的人！"

这个年轻人就是罗杰·史密斯，1981年1月，他出任通用汽车公司的董事长。

什么样的目标决定什么样的人生。放长一段目光，你会扩大一片人生舞台。短浅的目标与狭小的视野，只会限制你的生活向更大空间的延伸。

（师生互动设计二：也许你们要问："老师，你的志向是什么？"我想考考大家，你们猜我的志向是什么？）

（有的说当一个好语文老师，有的说成为一名优秀班主任，有的说成为高级教师。）

谢谢大家对我的期待，我的志向是"成为一名专家型的班主任"。当然，首先我要干好本职工作，成为你们说的好语文老师、优秀班主任，但这还远远不够，我必须对班主任工作有深入的研究，能够成为这个领域的杰出研究者，并形成自己的研究特色和研究成果。三尺讲台是我的舞台，不应成为我的桎梏，我要超越教书匠成为一名有思想的教育者！这个志向并不宏大但绝不卑微，我相信只要我朝这个方向努力，我的教育生涯将更加精彩！

（师生互动设计三：既然我跟大家分享了我的志向，我也很想知道你们的志向是什么，以及有了志向，你们接下来应该做什么？给学生思考交流时间后提问，然后引入"终点思考"。）

第二,终点思考。

"一个人在思考自己人生方向的时候,有一个非常重要又实用的方法:由终点开始思考。譬如说,人生七十,你可以先想好70岁你想干什么、达到什么程度,身边会有什么人……当这些明确了以后,你就会知道你50岁的时候自己应该在哪里,已经完成了些什么;再推想40岁、30岁以至于今天。"(李希贵《学会终点思考》)

时下当红的明星周迅(你们认识吗?有同学是她的粉丝吗?)曾经写过一篇文章,名字叫"想想十年后的自己",我念给大家听听:

十八岁之前,我是个不知道自己想要什么的人,那时我每天在学校里唱唱歌、跳跳舞。偶尔有导演来找我拍戏,我就会很兴奋地去拍,无论多小的角色。

如果没有老师跟我的那次谈话,也许直到今天,仍然没有人知道周迅是谁。

那是1993年5月的一天,赵老师突然找我谈话:"周迅,你能告诉我你对未来的打算吗?"我愣住了。我不明白老师怎么突然问我如此严肃的问题,更不知道该怎么回答。老师问我:"现在的生活你满意吗?"我摇摇头。老师笑了:"不满意的话证明你还有救。你现在就想想,十年以后你会是什么样?"

老师的话音很轻,但是落在我心里却变得很沉重。我沉默许久,然后看着老师的眼睛坚定地说:"我希望十年后的自己成为最好的女演员,同时可以发行一张音乐专辑。"老师问我:"你确定吗?"我咬紧嘴唇回答:"Yes。"

老师接着说:"好,既然你确定了,我们就把这个目标倒着算回来。十年以后,你28岁,那时你是一个红透半边天的大明星,同时出了一张专辑。"

"那么你27岁的时候,除了接拍各种名导演的戏以外,一定还要有一个完整的音乐作品,可以拿给很多很多的唱片公司听,对不对?"

"25岁的时候,在演艺事业上你就要不断学习和思考。另外一定要有很棒的音乐作品开始录音了。"

"23岁就必须接受各种培训和训练,包括音乐上和肢体上的。"

"20岁的时候就要开始作曲,作词。在演戏方面就要接拍大一点的角色了。"

老师说得很轻松,但是我却感到一阵恐惧。这样推下来,我应该马上着手为理想做准备了,可是我现在却什么都不会,仍然为小丫鬟、小舞女之类的角色沾沾自喜。我觉得有一种强大的压力袭来。

老师平静地笑着说:"周迅,你是一棵好苗子,但是对人生缺少规划,散漫而且混乱。我希望你能想想十年后的自己到底要过什么样的生活,实现什么样的目标。如果你确定了,希望从现在就开始做。"

一年以后,我从艺校毕业了,老师的话一直刻在我的心底:想想十年后的自己。是的,当我意识到这是一个问题的时候,我整个人都觉醒了。毕业后,我忙于接拍各种各样的影视剧。但我始终记得,十年后我要做最成功的明星,所以对角色很认真地筛选。后来我拍了《那时花开》,拍了《大明宫词》,我渐渐被大家接受,也慢慢地尝到了成功的快乐。

2003年4月,恰好是老师和我谈话后的十周年,我不知道这是偶然还是必然,我居然真的拥有了属于自己的第一张专辑——《夏天》。

其实你也和我一样。如果你能及时地问自己一句:"十年后我会怎么样?"你会发现,你的人生就会在不知不觉中发生变化。时刻想着十年后的自己,你会朝着自己的梦想越走越近。

周迅所说的"想想十年后的自己"就是终点思考的人生韬略,她的成功正是终点思考巨大作用的绝佳例证!

那么,我是如何利用终点思考的方式来规划自己的人生的呢?我要在40岁之前成为专家型的班主任,那么在35岁之前我要写出一部有关班主任工作的著作,在30岁之前我要发表10篇相关的文章,现在我就应该开始明确自己的研究方向,并开始着手积累资料,开始有针对性地深入阅读,开始训练写作,尝试投稿。现在我已经27岁,最近这三年我每年至少要发表三篇文章。值得高兴的是,在26岁时也就是在去年,我已经发表了两篇并且都收入了由国家优秀出版社出版的教育著作中。我已向自己的目标迈出了一小步,亲爱的同学们,你们才十七八岁,如果从现在开始规划自己的人生,你们的前途是不可限量的!

(师生互动设计四:有了目标,有了规划,那么在实施或努力的过程中怎样才能排除干扰,抵制诱惑呢?直接请学生谈谈自己的看法,然后引入"取舍有道"。)

第三，取舍有道。

有个富翁在临终之前，把两个儿子叫到身边告诉他们要把自己广袤的庄园分给他们，但是每人分多少要他们自己选，要求两人从家里出发，在他们想要拥有的庄园里做上标记，只要在天黑之前回来，那么那一部分就属于他了。于是两人出发了，在傍晚时分，弟弟回到了父亲的病榻之前，而哥哥在夜幕降临之后很久才回来。老父亲对大哥说："孩子，看来你只能得到家里的一些现金了，咱们家的庄园就交给你弟弟打理了。"哥哥沮丧地央求更多的遗产，父亲断然拒绝，严厉地说："你出发后就一直往前走，到傍晚了还不回头，又怎么能在天黑之前赶回来呢？像你这样不懂得舍弃，贪多求全，我怎么放心把我一辈子挣下的庄园交给你去经营呢！"

我们经常讲"舍得舍得，有舍才有得"，可是一般人只学会了取，却没有学会舍。那些表面看起来什么东西都抓在手里的人，由于两手抓满了很多不见得那么需要的东西，因此在碰到真正需要的东西时，不是茫然不觉、错失机会，就是心有余而力不足，根本就没有多余的手去把握了。滴水能穿石，只因为它永远打击一点。

一个人要懂得自己不需要什么，还要懂得该果断地放弃什么！又想睡得充足，日上三竿自然醒；又想玩得尽兴，痛快淋漓无人问；还想学得高明，突飞猛进夺第一，怎么可能！

放弃无边的杂念，拥有了专注的精神；放弃无度的嬉戏，拥有了时间的保障；放弃无聊的喧嚣，拥有了宁静的心态；放弃无果的迷失，拥有了成功的机会。

有了对自己教育人生的规划后，我开始检视自己每天的生活。我是语文教师，又是班主任，还是教研组长，这都是我的本职，不能耽误，可是人的精力是有限的，什么时候阅读、怎么写作、如何开展研究呢？只能在工作之余挤时间，向日常生活抢时间，鲁迅先生说过，"时间就像海绵里的水，挤一挤还是有的。"我必须拒绝一些不必要的应酬，杜绝睡懒觉、看电视剧，甚至纯休闲式的阅读,为教育阅读、随笔写作、网络研讨保留尽可能充裕的时间和精力。

（师生互动设计五：现在大家有了目标,也做了规划,并且懂得了取舍,这是否就能保证大家拥有一个"不一般"的人生？我们还需要做什么呢？请学生思考并回答,然后引入"踏实勤奋"。）

第四,踏实勤奋。

我要送给大家一句话——"梦可海阔天空地做,路要脚踏实地地走"。什么是脚踏实地？海尔集团的CEO张瑞敏说过一句话："什么叫作不简单？把简单的事情千百次地做对就是不简单；什么叫作不平凡？把平凡的小事天天做好就是不平凡。"张瑞敏对"不简单"和"不平凡"的诠释,体现出来的就是"踏实勤奋"的态度和作风。

有一天,一个学生在课堂上问苏格拉底,怎样才能成为像苏格拉底那样学识渊博的学者。苏格拉底没有直接作答,只是说："今天我们只做一件最简单也是最容易的事,每个人把胳膊尽量往前甩,然后再尽量往后甩。"苏格拉底示范了一遍,说："从今天开始,大家每天做300下,能做到吗？"学生们都笑了：这么简单的事,有什么做不到的？

过了一个月,苏格拉底问学生："哪些同学坚持了？"教室里有90%的学生举起了手。

一年过后,苏格拉底再次问学生："请告诉我,最简单的甩手动作,有哪几位同学坚持做到了今天？"这时整个教室里只有一个学生举起了手,这个学生就是后来成为著名哲学家的柏拉图。

虽然我不是苏格拉底,但是我相信如果你们按照我的忠告去做都可以成为"柏拉图"！

没有人能只依靠天分成功。上帝给予了天分,勤奋将天分变为天才！

古训有言：勤能补拙是良训,一分辛苦一分才。

最后再给大家讲一则寓言,有人在高山之巅的鹰巢里,抓到了一只幼鹰,把它带回家,养在鸡笼里。这只幼鹰和鸡一起啄食、嬉闹和休息,它以为自己就是一只鸡。等它渐渐长大,羽翼丰满了,主人想把它训练成猎鹰,可是由于终日和鸡混在一起,它已经变得和鸡完全一样,根本没有展翅高飞的愿望了。主人试了各种办法,都毫无效果。

所以,即使原本是鹰,如果它以鸡的眼光和能力来要求自己,时间长了就会真的失去想飞的冲动和能力。实际上,我们每个人都是雄鹰,只不过有人总是满足于过小鸡的生活,最终只能成为平凡无奇的小鸡!所以,"不要像一般人一样生活,否则你只能成为一般的人!"

这就是你们的班主任——我的人生理念。最后请大家在课下将自己对"不要像一般人一样生活"这句话的理解或对以上四个方面任何一点的思考写成随笔。

今天的班会到此结束。谢谢大家!

二、让别人因我的存在而感到幸福

1. 德育主题

对于一个新组建的班级,同学间的交往是一个重要课题。学生们往往带着对旧班级师生的怀念开始新的历程,这种怀念当然是一种美好的情感,但如果沉溺其中也会成为融入新的班级的障碍。班主任如果不及时加以引导的话,学生之间在很长一段时间会比较疏远甚至冷漠。所以,班主任要在开学一段时间之后,帮助学生发现身边的"好人好事",珍惜现实的点点滴滴,并激发学生关爱他人和集体的热情与责任感。

"让别人因我的存在而感到幸福",这句话所折射出的爱心、善良、奉献、责任等理念丰富而深刻,真是值得一生去理解实践的金玉良言!也是人际交往的最高追求!

2. 德育目标

(1) 发现并讲述身边的"美丽心灵";
(2) 理解并认同人际交往的三原则。

3. 德育过程

在开始班会之前，我们先一起分享一篇文章——《君子成人之美》：

人与人之间的交往贵在与人为善，尽可能向他人提供方便，尽量给予他人帮助。可以说，宽以待人是一个道德水准较高的表现。对于别人的好事，要极力给予支持和赞赏；对于别人的坏事，不要幸灾乐祸甚至落井下石。孔子在《论语·颜渊》中说："君子成人之美，不成人之恶。小人反是。"意思是说，君子成全别人的好事，不促成别人的坏事。小人则与此相反。的确如此，为他人鼓掌、成人之美是一种修养，也是一种高尚的品德，它需要有宽广的胸襟和与人为善的心态。对于患得患失、一切都要算计自己能得到多少好处的人来说，是无法做到成人之美的。

第一次登上月球的航天员，其实共有两位。除了大家所熟知的阿姆斯特朗之外，还有一位就是奥德伦。在庆祝登陆月球成功的记者会上，有一个记者突然问奥德伦一个很特别的问题："让阿姆斯特朗先下去，使他成为世界上登陆月球的第一个人，你是不是感觉到有点遗憾？"在全场有点尴尬的注目下，奥德伦很有风度地回答说："各位先生，请不要忘记，当航天器回到地球时，我可是最先走出太空舱的。"他环顾四周笑着说："所以我是从别的星球来到地球的第一个人。"大家听后，都在笑声中给予他最热烈的掌声。

在上届美国总统大选时，民主党总统候选人克里看到选举结果揭晓，当天就打电话给连任的布什总统，诚恳地承认竞选失败，并祝贺布什成功连任。布什总统也在随后发表的简短演讲中称赞克里是一个"令人钦佩的对手"，并赞誉民主党总统候选人克里在竞选中的出色表现。这个美好的局面，使原先担心因总统大选出现的选票争端而损害美国形象的分析家们松了一口气，支持克里的人说他们没有看错人，布什的支持者也认为克里的表现无可挑剔，说他虽然输了大选，却赢得了尊敬。克里的行为使他虽败犹荣，在大众面前以一个智慧者的形象很体面地告别了大选。

中国古代的圣贤也有"君子宽以待人，严于责己"的处世方法，对别人的缺点要善意地指出，不能幸灾乐祸；对别人的危难应该尽力相助，不应该袖手旁观、落井下石。即使是自己人生得意之时，也不能得意忘形、居功自傲，而是要多想想别人对自己的帮助和恩惠，让三分功给别人。把掌声送给别人，不是刻意抬高别人、贬低自己，更不是吹牛拍马、阿谀奉承，而是对别人的成就和优点进行肯定。相反，如果没有成人之美的心态，就不可能正确看待别人的成就和能力。当一个人善于为别人鼓掌时，他自己也将会由此获得更多人的喝彩。

这篇文章以及"成人之美"的内涵，实际上用一句话可以概括，那就是"让别人因我的存在而感到幸福"。

大家从不同的班级、不同的学校，甚至不同的地区来到我们济源一中英才苑理科二班（复读班），有一个共同的目标就是"用一年的辛劳血洗2007年6月的耻辱，用勤奋的汗水擦亮2008年6月的辉煌"。在这不到一年的时间里，我们是并肩作战的战友，是同仇敌忾的"袍泽"。我们每天从早上5:40到晚上9:55，十几个小时吃、住、学、玩在一起，如果不能与人为善、成人之美，而是以邻为壑、成人之恶的话，那我们不就像一则寓言里说的那样成了"生活在地狱里的人们"了吗！有谁知道这个寓言故事，可以给我们讲一讲。

有一天，一个人好奇地问上帝："地狱是什么样子的？"于是，上帝带他来到地狱，那里有很多人围着一张大餐桌，餐桌上有许多美味的食物。但是奇怪的是，每个人都拿着一把长勺子——他们都努力地想把食物送到自己嘴里，可是无论如何都吃不到。那个人似乎恍然大悟："那天堂里的人一定都是用的短勺子。"上帝又带他来到天堂——那里也有许多人围着一张大餐桌，桌上也有许多美味的食物。人们也是拿着一把长勺子，不过他们是互相把食物送到对方的嘴里去。

那么，怎样做才能"让别人因我的存在而感到幸福"，或者说让我们都生活在天堂而非地狱呢？请大家谈谈你对这个问题的理解或想法，也可以回顾一下入班以来你获得过哪些同学的帮助，或让你感到温暖的言行。请大家畅所欲言，有一说一，我只有一个要求，那就是当你讲到这位同学的时候，请一定说出他/她的名字,让我们知道这个有着"美丽心灵"的人是谁。
……

(学生发言完毕,班主任总结)

从大家的讲述中,我感受到咱们班里信服"让别人因我的存在而感到幸福"这句话的人不在少数,你们都是有"美丽心灵"的人,吾心甚慰!最后,你们的老班将大家的发言总结一下,也是我对大家的期望。

第一,生活上互相关照。

记得刚开学时我就说,咱们班外地同学很多,他们对这里的生活习惯、作息时间都不太熟悉,甚至因为学校太大他们对走哪条路会近一些都不知道,希望原来就在咱们一中上学的同学能多关照他们。实际上,不仅是外地同学,咱们每一个人都有在生活上需要别人关照的时候。大到遇到一些实际困难,小到递本书、让个位、带份饭、倒点水,等等。当别人请求的时候,如果没有特殊原因,希望你不要拒绝。即使别人还没有意识到,而你发现了对方可能需要帮助的时候,也请你主动关照一下。中央电视台有一个全由主持人出演的公益广告——"心在一起",相信看过的人都会感动。(多媒体播放该则广告的视频)

第二,心情上互相抚慰。

大家都是带着或多或少的精神伤痛而来,随着学习越来越深入,任务越来越繁重,这种或多或少的精神伤痛很可能变成不大不小的心理压力。这就需要同桌之间、室友之间、朋友之间要尽可能地互相安慰、互相鼓励。请记住以下"十个多一点,十个少一点":

多一些体谅,少一些苛责;

多一些包容,少一些摩擦;

多一些热情,少一些冷漠;

多一些互助,少一些干扰;

多一些鼓励,少一些取笑;

多一些欣赏,少一些不屑;

多一些充实,少一些空虚;

多一些坚持，少一些放弃；

多一些欢笑，少一些哭泣；

多一些成功，少一些失败！

如果嫌这些太多的话，请记住两句话：让别人难过的话不说，让自己后悔的事不做！

第三，学习上互相帮助。

孔子说："独学而无友，则孤陋而寡闻。"何谓"同学"？"同学"就是在互相学习中共同进步的人！再说"尺有所短,寸有所长"，谁都有遇到困难的时候，谁都有帮助别人的能力。因此，当有同学向你虚心请教时，只要是在适当的时间、以适当的方式，还是希望大家"不吝赐教"。但有必要说明的是，在课堂上，在自习时，不允许大声地长时间地讨论问题，因为我们更需要的是"有序的课堂，安静的自习"，这对大家都有好处。

如果大家都能做到在生活上互相关照、心情上互相抚慰、学习上互相帮助的话，那么就能实现"让别人因我的存在而感到幸福"，我们也就能共同迎来如北京奥运一样辉煌灿烂的2008！

三、主动学习赢得学习的主动

1. 德育主题

学生进入一个新的学习阶段之初大都壮志凌云、雄心勃勃，但过了一段时间之后大都又会出现思想懈怠松弛、行为消极迟缓的现象。这其实是一种正常的现象，但如果班主任不能及时发现，并通过精神鼓励来调整校正的话，它蔓延的速度将是惊人的，带来的后果将是严重的。所以，班主任一定要帮助学生认识到那种被动消极的思想行为及危害，鼓励他们正确面对自己的消极情绪和学习中遇到的困难。这其中主要涉及的是一个学习态度的问题，因此，让学生理解主动学习的重要性、把握主动学习的"秘诀"至为关键。

2. 德育目标

(1) 理解主动学习的重要性；

(2) 把握主动学习的"秘诀"。

3. 德育过程

美国工商管理学院的入学能力测试GMAT考试，其中的语法考试有一个特点，就是关于主动语态和被动语态的对错。在一般的英语语法中，主动语态和被动语态都被认为是正确的表达，但在GMAT考试中，假如一句话能用主动语态来表达而用了被动语态，就算是绝对的错误。比如说，"作业被我做完了"一定要说成"我把作业做完了"才对。只有当实在找不到主动者时才能用被动语态，如窗户破了但不知道是谁打破的，才能说"窗户被打破了"。

这种考试中对主、被动语态的敏感区别，背后隐藏了一个重大的命题，那就是对参加考试的人面对所发生的事情是用主动思维还是用被动思维的区别。一个习惯于被动思维的人会不自觉地用被动的方式回答问题，而一个拥有主动思维的人则时刻会考虑主动解决问题。进入工商管理学院的学生，毕业后都要进入各大公司或机构做管理工作，管理工作者最重要的素质之一就是要有主动沟通、协调、解决问题的能力。凡是拥有主动心态的人，都比较容易成为出色的管理者。所以GMAT考的不是纯粹的语法问题，而是隐藏在语法背后的一个人的心态问题。

学工商管理需要主动的心态，那我们是不是也需要这种主动学习的心态？(学生回答)

今天的班会主题就是"主动学习赢得学习的主动"。

大家都承认学习也需要主动的心态，那么我来做一个调查，认为自己目前学习非常主动的请举手！(没有一个) 下面请认为自己学习比较主动的同学举手！(不到10个) 最后，请认为自己学习不主动的同学举手！(没有一个) 刚才我说是调查，实际上就是一个关于主动性的测试，所有举手的都是"主动者"，没有举手的都是"被动者"！

我们每一个来到这里补习的同学都应该说是主动者，因为你们都承认并接受了高考的失利，而且主动为自己找到了再来一次的机会。可是，随着时间的推移，学习的展开，有的同学就没有那么主动了，咱们都可以检查一下自己身上是否存在以下现象：

第一，学习中遇到一道难题，不是经过思考想办法自己解决，而是轻易向同学求助，或者干脆放在那里等老师来讲。第二，面对薄弱学科，不是迎难而上，而是消极回避，连作业都不愿完成。第三，在学习过程中犯了错误，没有认真反思、想办法解决，而是一味寻找借口自我安慰。

如果你身上存在以上三种现象中的任何一种，那就说明你的学习不够主动；如果存在两种，那就要引起重视了；如果三种都存在，那就很危险了。

大家可以想一想，我们哪一个人不是带着许多问题和不完美来到这里的呢？我们来这里的目的是什么呢？不就是要解决学科上存在的问题，由不完美变得完美或比较完美吗？如果不知道自己的"目的地"或者现在遗忘了的话，就会像一个人走在路上，你问他要到哪里去，他说不知道，我们一定会笑话他。如果他说我刚才还知道，可现在不知道了，我想你不说他是神经病才怪呢？

我们现在刚上路一个月，如果就把目的地给丢了，接下来的九个月该往哪里去呢？

再说遇到的所有难题，都让别人给你讲或等老师上课讲解这也是不现实的啊！全班100多号人，老师只能将比较典型的带有共性的题多讲一些，根本不可能把每一个同学作业和测试中的错误都讲到，别说是补习班，就是应届班的老师也不会这样做，费时费力不说，效果也不一定好。如果你遇到的难题其他人都不认为难、老师也不讲怎么办？只有自己再仔细思考一下或主动单独请教老师。

还有一点，我们一直说"薄弱学科"，这实际上是一个比较消极的词，现在我们应该换一种眼光，对大家而言，那不叫"薄弱学科"，那是"增分学科"，是你们来这里的目的，是我们这些补习班的老师存在的意义，也是你们打开大学之门的金钥匙。大家可以看看后面黑板上所贴的今年英才苑上二本线同学成绩增加的分数表,那些让大家"眼红"的数字是怎么实现的,不就是他们把第一次高考中的"薄弱学科"变成了实实在在的"增分学科"才实现的吗?所以,你还打算回避它们吗?回避只能让你再次与大学失之交臂!

因此,请大家记住下面关于主动学习的口诀:

遇到难题先独自面对,增分学科毋消极回避,犯了错误不自我安慰。

这样我们才能由主动学习赢得学习的主动!

四、成功就是每天进步一点点

1. 德育主题

经过一个较长的学习周期后,有的学生经过努力会取得明显的进步、骄人的成绩,也有一部分学生由于学习方法不太科学或学习基础不够扎实,与自己最初的设想或期望的目标还有很大距离,自然会产生灰心丧气的情绪,会开始怀疑自己,更有甚者会放弃努力。这个时候当然需要班主任细致耐心地加以指导,但也不能忽视班级的整体激励。班主任要帮助学生认识到:成功是一个过程,进步是需要时间的,学习需要的是一种韧性与坚持,要学会更加理性地认识付出与收获的关系。

2. 德育目标

(1) 理性地认识付出与收获的关系;

(2) 重拾自信,更加坚强。

3. 德育过程

我们先从美国麻省理工学院气象学家爱德华·罗伦兹的发现谈起。为了预报天气,他用计算机求解仿真地球大气的13个方程式,意图是利用计算机的高速运算来提高长期天气预报的准确性。在1963年的一次试验中,为了更细致地考察结果，他把一个中间解0.506取出，提高精度到0.506127再送回。当他到咖啡馆喝了杯咖啡回来再看时竟大吃一惊：本来很小的差异，结果却偏离了十万八千里！再次验算发现计算机并没有毛病，罗伦兹发现，由于误差会以指数形式增长，在这种情况下，一个微小的误差随着不断推移造成了巨大的后果。

　　1979年12月，罗伦兹在华盛顿的美国科学促进会的一次演讲中提出：一只蝴蝶在巴西扇动翅膀，有可能会在美国的得克萨斯州引起一场龙卷风。其原因在于：蝴蝶翅膀的运动，导致其身边的空气系统发生变化，并引起微弱气流的产生，而微弱气流的产生又会引起它四周空气或其他系统产生相应的变化，由此引起连锁反应，最终导致其他系统的极大变化。他的演讲和结论给人们留下了极其深刻的印象。从此以后，所谓"蝴蝶效应"之说就不胫而走、名声远扬了。

　　有一首西方童谣：失了一颗铁钉，丢了一只马蹄铁；丢了一只马蹄铁，折了一匹战马；折了一匹战马，损了一位将军；损了一位将军，输了一场战争；输了一场战争，亡了一个帝国。

　　一个帝国的灭亡，一开始居然是因为一位能征善战的将军其战马的一只马蹄铁上一颗小小的铁钉松掉了。正所谓小洞不补，大洞吃苦。每次一点点的变化，最终会酿成一场灾难。

　　不管是"蝴蝶效应"，还是那首童谣，之所以令人激动、发人深省，在于其大胆的想象力和迷人的美学色彩，更在于其深刻的科学内涵和内在的哲学魅力。它们生动地证明了中国1300多年前《礼记·经解》中"君子慎始，差若毫厘，谬以千里"的哲学思想。

　　与此道理相同、说法不同的还有老子的名言——"合抱之木，生于毫末；九层之台，起于累土；千里之行，始于足下"。还有咱们老百姓自己的至理名言——"不怕慢，就怕站"。所有这些讲的都是一个道理，那就是"成功就是每天进步一点点"！

　　成功来源于诸多要素的几何叠加。比如，每天笑容比头一天多一点点；每天走路比头一天精神一点点，每天行动比头一天快一点点，每天效率比头一天提高一点点,每天方法比头一天多找一点点……正如数学中50%×50%×50%=12.5%,而60%×60%×60%=21.6%,每个乘项只增加了0.1,而结果会成倍增长。每天进步一点点,假以时日,我们的明天与昨天相比将会有天壤之别。每次一点点的放大,最终会带来一场"翻天覆地"的变化。

一步登天做不到,但一步一个脚印能做到;

一鸣惊人做不到,但铆足一股劲做好一件事能做到;

一下成为天才做不到,但每天进步一点点能做到。

每天进步一点点,听起来好像没有冲天的气魄,没有诱人的硕果,没有轰动的声势,可细细琢磨一下:每天,进步,一点点,那简直是在默默地创造一个料想不到的奇迹,在不动声色中酝酿一个真实感人的神话。

进步,就是在向前走,就是今天比昨天强,就是对现状有所突破,就是在用一种崭新代替一种陈旧,而且是每天都如此。

每天都在盯着那个高远的目标,每天都在不慌张也不懈怠地努力,每天都是那么热情但不狂热,执着但不偏执,矫正着不满又营造着快乐,这一切不是大起大落大悲大喜,而是一点点……

不要小看这"一点点"。灵感,就那么一点点,便使你于混沌中豁然开朗;智慧,就那么一点点,便使你于危机中有了转机;勇气,就那么一点点,便使你于怯懦中增长了干劲。

每天进步一点点,真是不错。因为,它很务实。它堵死了一时心血来潮的浮躁,也拒绝了突然心灰意冷的悲凉。始终那么平静、从容、步履稳健。不允许每一天虚弱,不放过每一天的庸碌,不原谅每一天的懒散。

看电视竞猜节目,有一道智力题令人记忆深刻:荷塘里有一片荷叶,它每天会增长一倍。假使30天会长满整个荷塘,请问第28天,荷塘里有多少荷叶?答案要从后往前推,即有1/4荷塘的荷叶。这时,如果站在荷塘的对岸,也会发现荷叶是那样的少,似乎只有那么一点点,但是,第29天就会占满一半,第30天就会长满整个荷塘。

在荷叶长满荷塘的整个过程中,荷叶每天变化的速度都是一样的,可前期花了漫长的28天。那时,我们看到荷叶只能占领一个小小的角落。在追求成功的过程中，即使我们每天都在进步，然而，前面那漫长的"28天"因无法享受到结果，常常令人难以忍受。人们常常只对"第29天"的希望与"第30天"的结果感兴趣，却因不愿忍受漫长的成功过程而在"第28天"放弃。

每天进步一点点，它具有无穷的威力。只是需要我们有足够的耐力，坚持到"第28天"以后。

每天进步一点点，没有不切实际的妄想，只是在有可能眺望到的地方奔跑和追赶，不需要付出太大的代价，只要努力，就可以达到目标。

每天进步一点点，不是可望而不可即，也不是可遇不可求，只是每天都不能自视甚高而眼高手低，不能踩在昨天的荣誉上自以为了不起。不满足，不停步，不回头，在平和的心境下不要总想着创造什么奇迹，只是在月上柳梢时发现今天着实没有白过就好，自己心里踏实，迎接明天的早晨就不会心虚。

每天进步一点点，贵在持之以恒。热情不因悲欢离合而起伏，劲头不随阴晴圆缺而波动，每天都要给自己一个雷打不动的作业，并在当天就使它成为一份杰作。一点点进步并不引人注目，然而就是这一点点不引人注目的进步，最终会成为你引以为傲的成就。

每天进步一点点，需要具体地设计，认真地规划，既不能急躁，也不能敷衍，更不能作假，因为这不是做给别人看的表面文章，也不是要与人交换的利益诱惑，而是出于律己的人生态度与自强不息的进步精神。

每天进步一点点是简单的，之所以有人不成功，不是他做不到，而是他不愿意做那些简单而重复的事情。因为越简单、越容易的事情，人们也越容易不去做它。

竞争对手常常不是我们打败的，是他们自己忘记了每天进步一点点。成功者不是比我们聪明，而是他比我们每天多进步一点点。

五、做跟时间赛跑的人

1. 德育主题

高中阶段,尤其是高三毕业班,一个很重要的学习态度,也可以说是一种学习方法,那就是珍惜时间,分秒必争。不过由于这是一个老生常谈的话题,很难引起学生的重视,因此必须加以具体的指导,让学生明白在每天的学习生活中自己到底应该怎么做。否则,难逃"言者谆谆,听者藐藐"的结局!

2. 德育目标

(1) 提高学生对时间的重视程度;
(2) 掌握"珍惜时间,分秒必争"的学习方法。

3. 德育过程

"What can you do in a minute?" 美国管理学专家在黑板上写下这两行字后,台下的管理人员们窃窃私语片刻,然后纷纷举手发言。

A:一分钟可以快速阅读一篇五六百字的文章。如果浏览报纸,完全可以浏览一份40多版的日报,看看新闻标题,便能对大小事了然于心。

B:一分钟用来打字的话,可以打上百个字。我们部里的文秘平均一分钟可以打150个字。我当过记者,手写字很快,一分钟可以写70多个字。

C:我喜欢看广告,一分钟可以欣赏5~10个精彩的广告短片。

D:一分钟跑400米没问题,如果用来做仰卧起坐,一分钟可做20多个,让人浑身舒畅。

E:我曾在一分钟之内推销出去一件产品,是在路上向行人销售化妆品。我用大概40秒介绍了自己和产品,然后顾客用20秒考虑买下了产品。这项纪录我一直想超越。

F:一分钟足以组织一次很好的进攻,很多球赛的胜负是在最后一分钟决定的。不到裁判吹哨,不要放弃最后一分钟,这就是我喜欢的足球精神。

"一分钟能做多少事情?很感谢你们配合我,给出了这么多答案,很多是你们的亲身体会。你们十分优秀!尽管如此,一分钟做的事情还是极其有限。我们不得不承认,一分钟过得太快。但是,如果我们珍惜每一个一分钟,学会将其化零为整,那么一分钟就能干出很多伟大的事情。因为生命是由无数个一分钟组成的,因为极限的挑战、纪录的刷新往往是在一分钟甚至几秒钟内完成的。这个道理再简单不过了。不过,如果能够将简单的道理一次次付诸行动,我们就会不简单。"

一个人只要把握住生命的每一分钟,就一定会有美好的一生。

在看到这个故事之前,我没有想过一分钟能做多少事情,我也承认,在这之前我一定已经浪费了数以万计的"一分钟",这数以万计的"一分钟"又能做多少事情啊!孔子用"逝者如斯乎,不舍昼夜"表达了对时光流逝无法阻止且追悔莫及的感慨,虽然如此,但这并不意味着我们面对时间就无能为力,明白了这个道理,我们就应该做一个"跟时间赛跑"的人,这也就是我们今天班会的主题。能做到吗?可能有些同学有疑问,你们肯定能,我们中国人都应该能,为什么?因为我们是夸父的子孙,我们的祖先夸父他老人家已经做到了,不信,可以看看下面这段文字:

夸父与日逐走,入日;渴,欲得饮,饮于河、渭;河、渭不足,北饮大泽。未至,道渴而死。弃其杖,化为邓林。

——《山海经》

我们身上都流着夸父的血,都应该有"与日逐走"的勇气,却不会有"道渴而死"的担心。可是,我们经常看到的、经历的却是对时间的挥霍和漠视,以及随之而来的后悔与无奈!这种体验在一位作家的笔下最为生动地体现出来了,那就是朱自清先生的《匆匆》:

去的尽管去了,来的尽管来着;去来的中间,又怎样地匆匆呢?早上我起来的时候,小屋里射进两三方斜斜的太阳。太阳他有脚啊,轻轻悄悄地挪移了;我也茫茫然跟着旋转。于是——洗手的时候,日子从水盆里过去;吃饭的时候,日子从饭碗里过去；默默时，便从凝然的双眼前过去。我觉察他去的匆匆了，伸出手遮挽时，他又从遮挽着的手边过去；天黑时，我躺在床上，他便伶伶俐俐地从我身上跨过，从我脚边飞去了。等我睁开眼和太阳再见，这算又溜走了一日。我掩着面叹息。但是新来的日子的影儿又开始在叹息里闪过了。

朱自清先生是一位温文尔雅的诗人、学者、散文家，可是，这一段文字于不动声色之中，却蕴含着一种惊心动魄的力量，不知同学们感受到了没有。

那么，我们在学习中如何做到不让时间这样白白地匆匆溜走呢？我觉得应该做到以下三点：

(1) 课堂时间不放松；

(2) 自习时间不放纵；

(3) 零碎时间不放弃。

第一条"课堂时间不放松"，该如何做到呢？用两个成语可以概括：聚精会神，专心致志。今天上午我们复习孟子"短文两篇"时，《弈秋》这篇文章没有讲，下面咱们一起来读一读：

弈秋，通国之善弈者也。使弈秋诲二人弈：其一专心致志，惟弈秋之为听；一人虽听之，一心以为有鸿鹄将至，思援弓缴而射之，虽与之俱学，弗若之矣。为是其智弗若与？曰：非然也。

——《孟子·告子上》

俗话说"名师出高徒"，可是俗话又说"师傅领进门，修行在个人"。是啊，就像这篇短文里所呈现的一样，同样的教师，同样的教法，同样的教室，同样的教材，为什么最后的成绩会差别这么大呢？——关键是是否做到了"专心致志"。课堂学习不抓紧，学习效率肯定不好，相信大家还不是"生而知之"的神话人物，还没有聪明到"不学而知之"的境界，还没有高明到比该科教师还厉害的程度，因此课堂上必须"聚精会神、专心致志"地听课。

第二条"自习时间不放纵"的要求也可以用两个成语来概括：有的放矢，心无旁鹜。"有的放矢"就是说在自习课开始之前就应该明确这节课的自习任务,力争不折不扣地完成。"心无旁骛"要求我们不要轻易受别人干扰,更不要轻易干扰别人。

一望无际的非洲草原,一群群羚羊在那儿欢快地觅食,悠闲地散步。就在这时,一只非洲豹向羊群扑去,羚羊受到惊吓,开始拼命地四散奔逃。非洲豹的眼睛盯住一只未成年的羚羊,穷追不舍。在追与逃的过程中,非洲豹超过了一只又一只站在旁边惊恐观望的羚羊,它只是一个劲地向那只未成年的羚羊拼命地追过去。真是奇怪,那些和它挨得很近的羚羊它却像未看见一样,一次次放过它们。终于,那只未成年的羚羊被凶悍的非洲豹扑倒了,挣扎着倒在了血泊中。

我在观看豹子捕猎的过程时,一直很纳闷:那只豹子为什么不放弃先前那只羚羊而改追其他离得更近的羚羊呢?那样,岂不是更容易捕捉到猎物?后来,听主持人解说,才恍然大悟。因为豹子在追逐第一个目标时已经消耗了大量的体力,已经跑累了,而其他的羚羊并没有奔跑,如果豹子在追赶途中改变目标,其他的羚羊一旦起跑,转瞬之间就会把疲惫不堪的豹子甩到身后,因此,豹子始终不丢开自己最先追赶的那只羚羊,最终的目标是让它成为自己口中的猎物。

其实,梦想就是一只"羚羊",如果你想得到它,那么,你就必须一直追下去。中途很可能出现各种目标的诱惑,它们都在分散你成功的视线,如果你一味地为它们停留,最终将一无所获。

如果把这最后一段文字里的"梦想"换成"学习"不也是很合适吗?我相信大家的智商不会比那只"非洲豹"低吧!所以,咱们在自习课上也应该做到"有的放矢,心无旁骛",不该看的书不看,不该说的话不说,不该做的事不做,也就是"非礼勿视,非礼勿言,非礼勿动"!

最后一点是"零碎时间不放弃"。首先我们要明白什么是"零碎时间"——课前、课间、饭后还有周末。这些"零碎时间"俯拾皆是,而且数量相当可观,如果能用好就可以收到"聚沙成塔,集腋成裘"之效。

世界上许多有成就的专家、学者、教授十分善于利用零星时间。著名的数学家苏步青说过:"我把整段的时间称为整匹布,把点滴时间称为零布头。做衣裳有整料固然好,没有整段时间就尽量把零星的利用起来,天天二三十分钟,加起来也可观得很。"爱因斯坦的狭义相对论,就是在伯尔尼专利局当小职员时利用在办公室的一些短暂时间,用小纸片计算、画图、推演出来的。世界著名数学家科尔论证了一道200年无人攻克的数学难题,人们在惊叹之余问科尔:"你解这道题目用了多长时间?"科尔答道:"我用了近3年的全部星期天。"

我相信这次班会之后,会有很多同学摆脱课前迷茫、课间傻笑、饭后哄闹、周末睡觉的陋习。

最后送给大家几句话:

抛弃时间的人,时间也抛弃他。

——莎士比亚

世界上最快而又最慢、最长而又最短、最平凡而又最珍贵、最易被忽视而又最令人后悔的就是时间。

——高尔基

时间最不偏私,给任何人都是24小时;时间也最偏私,给任何人都不是24小时。

——赫胥黎

尤其是这最后一句含义十分深远,今天是10月8日,离2008年高考还有8个月。在不同的人那里,这8个月的长度和效果却会有很大的不同,希望大家都能做一个真正的"夸父的子孙",成为一个"跟时间赛跑"的人!

六、假如生命还有238天

1. 德育主题

学生进入中学阶段,尤其是高中阶段,大多思考过这样几个亘古长新的命题:生命的价值是什么,如何让自己的生命更有意义。也许不会马上有答案,但意义重大,它昭示着学生精神的觉醒。学校的德育不能无视学生对这方面的探索,班主任也应该引导学生树立正确的人生观、价值观,特别是对生命的珍视和热爱。

2. 德育目标

(1) 正确认识生命的价值;
(2) 树立"珍爱生命,关爱他人"的观念。

3. 德育过程

第一阶段:观看视频,布置作业

2007-11-05,星期一

今天班会上跟学生一同观看了以前下载的中央电视台"实话实说"栏目的一期节目——"假如生命还有238天"。主人公是2006年"感动中国"的获奖者黄舸和他的父亲黄小勇,因为黄舸的治疗医生告诉他最多活到18岁,而此时他距离18岁生日仅有238天。节目自始至终没有悲情的场面和煽情的语言,有的是真诚的交流和坦率的沟通,甚至还不乏欢声笑语。

黄舸很平静地讲述他11岁时得知自己患上绝症之后的第一反应,不是痛苦和绝望,而是对父亲欺骗和隐瞒的愤怒;讲到当他意识到自己的生命将很短暂之后想到北京天安门看升国旗的愿望;讲到在路上,他父亲蹬着三轮车,用了两个月零两天,从长沙到北京的艰辛。他的父亲讲了自己为了让儿子最后的生命过得充实,每年跟他一起制订一个计划的努力;谈到父子二人第一次看到大海时的兴奋;谈到他们如何开始"感恩之旅";谈到在路途中发生的父亲的动摇和儿子对他的开导。父子二人语言朴素却动人。当现场观众向黄小勇付出的艰辛表示崇高的敬意时,他说自己唯一的想法就是:"他是我的儿子,他是一个生命!"黄舸平静地说出:"上天对我是公平的!"

学生看得很认真,开场时的掌声,中间的感叹与抽泣,都让我感受到了他们的投入。结束时,我让学生写一篇班会随笔"假如我的生命还有238天",

也可以抛开这个题目，就观看节目时自己的感受和启发写一篇不少于600字的随笔。

第二阶段：阅读随笔，通过批改随笔跟每一个学生交流

2007－11－07星期三

随笔收上来之后，我用了两天的时间批改完。在刚批改完几本的时候，我都有些后悔不该让学生写这样一个沉痛的题目，因为那几位学生的文字中所流露出来的对亲人朋友的眷恋、对生命的热爱、对生活的向往以及由这一期节目获得的面对残酷现实的平静和理性、在这种平静和理性支配下做出的规划和安排，让人不忍卒读！

不过我还是强忍着批改完，在随后的批改中我也在不断地思考，这不就是我以前给他们讲过的"终点思考"的一次训练吗？通过这样的表达，可以说我比较真实地了解了他们对生活和生命的态度。他们大多是很坦诚的，有一个男生还说想要跟好朋友喝一次酒，因为长这么大还没有喝过酒，更没有醉过。还有几个学生提到一定要向自己暗恋的人告白。我看了之后并不惊讶，更不生气，谁的脑子里没有一些"非分之想"和"不可告人"的念头呢！唯其如此，更显真实，更具生气！

当然，更多的还是充满温情和遐想的，比如要好好尽一尽孝，或为父母做饭，或陪他们聊天；有的学生说要好好跟兄弟姐妹相处，安慰他们，并拜托他们照顾父母；还有的希望见见以前朝夕相处现在却天各一方的好朋友；有的学生要饱览祖国的名山大川，在内蒙古草原上看星星、骑白马，在西藏拉萨看一看全中国最纯净的蓝天和白云，并在布达拉宫为自己的亲朋祈福，总之免得做班主任说的"老死于户牖之下的井底之蛙"；有的想回到农村老家去亲近安详宁静的自然；还有的想读一读一直没时间、没机会看的书籍……

第三阶段：将我这两天的随笔、观后感《生命无限，大爱无言》和从学生随笔中摘录的文字通过多媒体呈现出来，跟学生一起分享

生命无限，大爱无言

命运无常，人的生命不一定总在你"视茫茫、发苍苍、齿牙摇落"的时候

顺理成章地结束，它也可能会在你唇红齿白、意气风发的时候突然消逝，那样猝不及防，让所有人完全无能为力。黄舸作为一个孩子，竟然可以做到这样平静坦然，没有颓唐绝望，你从他的表情可以读到对生活的满足与感激。这种心灵，这样的境界，是如何达到的，是因为他年龄很小还没有对生活和生死进行深入的思考吗？不是，你听他安慰疲惫已极开始打退堂鼓的父亲时说的话："努力不一定会成功，放弃就意味着失败。"他在屏幕里自信地说："我的生命虽然很短，但却浓缩了别人的一生，甚至一生都经历不了……"生命就是一种经历，生命就是不断体验，最终的成功和巨大的辉煌不能涵盖生命的全部意义和价值，所以，面对生命的仓促和短暂不用太过遗憾，这难道不是非常深刻的思考吗！

还有那句"我觉得上天对我是公平的"，你很难想象它出自一个4岁患病、十余年无法行走、生命的长度很难超过18岁的孩子之口。他本可以抱怨甚至诅咒命运和上天，如果他这样做了，我们都能理解，甚至还会加入他的行列，可是他却做出这样的判断，得出这样的认知。当你看到他说出这句话时的坚定与达观，会有人认为那是年少无知吗！

黄舸的父亲黄小勇先生是一位伟大的父亲，他的伟大在于他的坚强，并把这种坚强传递给了生命垂危的儿子，让他的生命充满温情和尊严！我们常说儿女的痛苦在父母那里都是加倍的，那么看着自己唯一的相依为命的儿子走向生命的尽头而无能为力，他的心里该承受着多么巨大的煎熬和痛苦啊！可是，他没有在生活和心理的重压下让父亲的形象垮塌。他为满足儿子的愿望，蹬着三轮车从长沙到北京，一走就是两个月零两天。他为了让儿子时时感受到人间的温情，带着他开始"感恩之旅"，一走就是三年。他为让儿子对生活的期待不熄灭，每年都为他制订一个出游计划，甚至还"扬言"要骑着摩托车带他到法国。

节目中的黄爸爸话并不多，可是我们仍然可以从他那不多的话语中感受到他坚强的精神和沉甸甸的父爱，他说自己跟黄舸"名分上是父子，实际上像朋友、像战友"，"像朋友"还好理解，"像战友"如何理解？只要略一沉思就能明白，父子俩这十几年一开始是在跟疾病、后来是在跟无常的命运可能加给人心理上的绝望和愤恨作战，他们那辆三轮车，每一次行驶在路上，每一次冲进风雨里，都是在宣告他们才是胜利者，因为他们感恩、充实、快乐！当现场观众向黄爸爸付出的艰辛表示崇高的敬意时,他说自己唯一的想法那就是:"他是我的儿子,他是一个生命!"还有比这两个朴素的理由更有力、更感人的吗?

黄舸让我对生命的无限和精神的力量有了更为深刻的认识,而黄爸爸的言行让我感受到父爱可以达到怎样的极致!

以下内容摘录自学生随笔:

不要想着来日让父母住豪宅,请先在父母的生日那天送上你的祝福!不要等自己功成名就衣锦还乡时给父母脸上增光,请先在学校努力学习争取考上一所理想的大学吧!不要想将来自己能结交多少知己好友,请先真心对待你身边的每一个人吧!……

——徐平霞

我想当几天志愿者,为社会的安宁、教育的进步做出自己微薄的贡献。每当我看到一双双求知的眼睛,总会有一股莫名的冲动涌上心头,哪怕只是给那些渴望学习的失学儿童上几节课,我的心便不会因为干枯和麻木而死去。

——马辉

想到将要与挚爱的亲人分离,我便无法自拔。害怕看到父母憔悴的面容,害怕听到父母撕心裂肺的呼喊,血浓于水的亲情,不会因为生命的终结而褪色!

再为妈妈唱一支歌吧,希望我的歌声能抚平她久已不展的愁眉;再陪爸爸看一次《武林风》吧,希望他能永远保持那挺拔的身姿。我知道,我的快乐是父母最大的安慰,那么我就尽量保持快乐,让他们安心幸福!

——陈凌云

我会踏上远行的列车,去寻我已在大学就读的昔日同窗、室友,我要把我最真诚的祝福亲自送给他们,我要告诉他们生命的宝贵,活着就是幸福。

然后我想游览名山大川,并和我的父母一起在旅途中寻找快乐。本想自己工作赚大钱之后陪着父母游山玩水,现在也只能这样了。我会铭记祖国的山山水水,铭记大自然的美丽神奇,铭记一切美好的东西!

——张紫君

我会与家人在一起,安享那一日三餐,仔细听他们唠家常,我会做一个乖巧的女儿,不再像从前那样气得他们直跺脚,我要承担大部分家务,让他们疲惫的身躯在回到家后得到充足的休息。

——张鹏

我不会觉得悲伤，因为我已无暇让悲伤占据心灵、让泪水充溢双眼。我要去安抚身边的亲人，我要用心看看这个世界缠绵的山水。

——赵茜

好想到海边吹吹那柔和的海风，在沙滩上踩着那柔软的细沙；好想在寂静的晚上仰望星空，给心灵完全的自由，体味生命的安逸；好想给父母做一顿简单的饭菜，慰劳他们忙碌一天的身体……

——陈慧

我依旧要留在英才苑继续追逐我的梦，我还会静下心来采摘积累，为2008年的高考准备，因为它已不仅仅是一次机会，它承载着我的梦想。我还会努力，怀揣信心，突破瓶颈，因为我要证明自己是生命中的强者，我要让全家为我再次感到骄傲，让父母记住他们的儿子是好样的！

——郑桂龙

我会一日三餐都为父母做饭、洗碗、拖地、擦桌子，我绝不让妈妈再进厨房。我还要勇敢地告诉妈妈降降火气，不要老是生气，那样容易生病，更容易变老。我要陪爸爸散步、钓鱼，陪他做那些原本想要带上我而被我拒绝的事情！我还要告诉爸爸不要太累，要多锻炼身体，多关心自己……最重要的就是我要告诉他们：我一直都在努力做一个好女儿，我爱你们！

——张蕾

生命的最后，我还要光着脚踩在那柔软的土地上，有多久没有与沙土亲密接触了，我要再体验一下那种感觉。我还要在一个阳光明媚的天气里悠闲地晒太阳，再感受一次这个世界的光明与温暖。我还要在夜晚仰望星空，总是匆匆忙忙地低头走，难有安安闲闲地抬首望，那记忆深处的满天繁星，有多久没有出现在自己的眼睛里了……

——杨晓慧

我想我会抛弃一切杂念，全身心地投入到高考复习中，也许有些人会觉得可笑，可是这不仅仅是我的心愿，也是父母一直以来的心结。然后在高考结束之后痛痛快快地哭一场。不知为什么，我的这种感觉特别强烈。我知道关于高考我有太多的悲哀和泪水，却只能埋藏在心底。也许是为了像汪国真说的那样："把泪水都贮藏到成功的那天流，那一天，哪怕流它个大海汪洋。"

——余蓬蕊

屏幕前的我，不禁想起了我的父亲。当朋友都在抱怨他们和自己的父亲之间似乎没有什么共同语言时，我庆幸自己有一位"唠叨"的父亲，无论是生活中的细节，还是情感上的波动，他都给予我最大的帮助：胜不狂喜，败不惶馁，心有激雷而面如平湖者，可拜为上将军。他希望我能有"上将军"一样的气度涵养。可是在现实中，当成绩不理想时，我会气馁；当与朋友产生隔阂时，我会伤心。他的要求，做起来真的好难！假如生命还有238天，我要让我的每一天、每一刻都变得充实，我会努力做到父亲要求的那样，成为他的骄傲！

——张梦琳

最后，总结这次班会和学生的随笔，我写了一首不能称之为"诗"的诗，来表达我对黄舸父子的言行带给我的感悟和学生们的随笔带给我的感动——《生命的关键》：

可以漫长，也可能短暂

可以辉煌，也可能暗淡

可以荆棘丛生，也可能玫瑰相伴

可以长驻心田，也可以随风飘散

该努力的事，不推明天

该关爱的人，不讲条件

无须后悔，不留遗憾

把握现实的每一天，才是生命的关键

七、高三,我奔跑

1. 德育主题

高三,对很多学生都将是一段艰难的历程。大题量的训练,高频率的测试,是提升自己的途径,也可能成为扼杀信心的"帮凶",关键是整个班级应当树立一种正确的"高三观",领悟高三对每一个人提出的新的要求和挑战,并确立自己的行走方式,这种方式应当是"奔跑"!大家一起奔跑,与过去的自己赛跑,为了心中的理想而奔跑,为了实现自身的价值而奔跑!

2. 德育目标

(1) 理解"奔跑"姿态的含义;

(2) 树立正确的"高三观"。

3. 德育过程

在非洲,每天早晨羚羊睁开眼睛,所想的第一件事就是:我必须跑得更快,以逃脱狮子的猎捕。而在同一时刻,狮子从睡梦中醒来,首先闪现在脑海里的是,我必须跑得再快一些,以追上更多的羚羊。于是,几乎同时,羚羊和狮子一跃而起,迎着朝阳跑去。一个拼命地跑,一个拼命地追,为什么?一个害怕被吃掉,一个害怕被饿死。

生活又何尝不是这样呢?处处都是千帆竞渡,时时都有激烈竞争。生活是公正的,有时又是极其残酷的,在人生的每一个驿站、每一个瞬间,我们若消极懈怠、不思上进,必将被抛得老远,或是被淘汰出局,或是被生活碾碎撕烂。因此,无论你是羚羊还是狮子,每当太阳升起的时候,都要毫不迟疑地向前奔跑。

面对高三,面对这个必将决定每个学生今后生活状态和人生轨迹的阶段,你也必须"奔跑",因为:奔跑是一种学习方式——目标专一,要事为先;

奔跑是一种做事原则——脚踏实地，步步为营；奔跑是一种精神追求——挑战极限，勇创一流；奔跑是一种理想信念——相信自己，拼搏必胜。

第一，奔跑是一种学习方式——目标专一，要事为先。

在一望无际的非洲拉马河畔，一只非洲豹向一群羚羊扑去，羚羊拼命地四散奔逃。非洲豹的眼睛盯着一只未成年的羚羊，穷追不舍。在追与逃的过程中，非洲豹超过了一只又一只站在旁边惊恐观望的羚羊。但对那些和它挨得很近的羚羊，它却像未看见一样，一次次放过它们。终于，那只未成年的羚羊被凶悍的非洲豹扑倒了，挣扎在血泊中。

故事里那只豹子对目标专一的做法显然是明智之举，带给我们很好的启示，目标专一是成功的必要条件。试想豹子中途看到这只好，便去追赶这只，看到那只好，又去追赶那只，被追赶的一只只羚羊起跑速度一定很快，豹子由于体力在不断消耗，就会被甩到身后，最后哪只羚羊都不会追到，还落个筋疲力尽而又非常懊悔的下场。其实，我们在生活中经不起诱惑而中途改变目标的事例可以说数不胜数，应引以为戒，要像豹子追赶羚羊那样专一，要有坚定的信念和足够的信心，并能坚持下来，这样才能距离你的目标越来越近，才会实现自己的理想，特别是那些做事犹豫不决的人更应从中受益。

第二，奔跑是一种做事原则——脚踏实地，步步为营。

记得当记者询问日本一位著名的马拉松运动员获得冠军的秘诀时，这位运动员只轻轻地说了一句：凭智慧战胜对手。那么，冠军的智慧是什么呢？10年后，这个谜在他的自传中找到了答案：比赛的时候，他并不把离起点42.195公里的终点看作终点，而是在比赛沿途定下若干个点，每一个点是一个终点，每一个点也是一个起点。这样，冲出起跑线的那种感觉、那种意识，在每一个点上都得以持续，而每接近一个点时，那种冲刺的感觉、拼搏的意识，在终点尚未来临时已经加强，这样也就胜券在握了。

把距离分割，把目标分割，这是世界冠军战胜对手的智慧，那沿途的一个个小目标也铺就了世界冠军成功的道路。同学们，我们的学习也应该这样，首先确定目标——一个阶段的目标，一个学年的目标，一个学期的目标，一个月的目标，一个星期乃至一天的目标，这样，学习起来才有了努力方向，才会全身心地投入其中，才能把学习当成一种享受，才能真正体验到学习带来的乐趣，才会学有所得，学有所成。

第三，奔跑是一种精神追求——挑战极限，勇创一流。

美国阿默斯特学院进行了一个很有意思的实验。实验人员用很多铁圈将一个小南瓜整个箍住，以观察它逐渐长大时，能抗住由铁圈给予它的多大压力。当初实验员估计南瓜最多能够承受500磅（约227千克）的压力。在实验的第一个月，南瓜就承受了500磅的压力，第二个月，南瓜承受了1500磅（约680千克）的压力。当它承受到2000磅（约907千克）的压力时，研究人员开始对铁圈进行加固，以免南瓜把铁圈撑开。当研究结束时，南瓜在承受5000磅（约2268千克）的压力时，瓜皮才因为巨大的反作用力产生破裂。当他们取下铁圈，费很大力气打开南瓜时，它已无法食用。因为试图想突破重重铁圈的压迫，南瓜中间充满了坚韧牢固的层层纤维。为了吸取养分，以便于提供向外膨胀的力量，南瓜的根系总长甚至超过了8万英尺（24384米），所有的根都不屈地往各个方向伸展，几乎穿透了整个花园的每一寸土地。

通常我们很难想象一个南瓜能承受如此大的压力。倘若南瓜能够承受如此大的压力，那么人也一定能够承受。一个人的潜力能有多大？我无法准确回答，但我相信生命的潜能永远大于我们对它的估计！只要我们相信。

第四，奔跑是一种理想信念——相信自己，拼搏必胜。

他从小被一对大学教授夫妇收养，两岁的时候，他突然奇怪地停止长高了，而且健康状况也越来越差。经过专家会诊，他患的是一种罕见的阻碍消化和吸收食物营养的疾病，医生们认为他只能再活6个月了。还好，通过静脉注射营养液，他勉强恢复了体力，但是他的生长发育受到了抑制。

他在医院里住了很长一段时间，一直到9岁。他只能在心里计划着去报复那些嘲笑他、管他叫"花生豆"的孩子们。

多年以后，他回忆道，在他的潜意识里面，"那一切的经历让我梦想在体育上能取得一些成功"。有时，他的姐姐苏珊会去滑冰场滑冰，他总是跟着一起去。他站在场外，那么虚弱瘦小、发育不良，鼻子里还插了一根通到胃里的鼻饲管，平时那根管子的另一头就用胶带粘在他的耳朵后面。

一天，他看着姐姐在冰面上飞驰，突然转身对父母说："听我说，我想试试滑冰。"两个正在谈话的大人吓了一跳，难以置信地看着病弱的孩子。

结果是，他试了，他喜欢上滑冰，他开始狂热地练习。在滑冰之中他找到了乐趣，他可以胜过别人，而且身高和体重在滑冰场上并不重要。

在第二年的健康检查中，医生吃惊地发现，他竟然又开始长个儿了。虽然对他来说想达到正常的身高已经不可能了，但是他和他的家人都不在乎了。重要的是，他正在恢复健康，正在获得成功，正在实现自己的梦想。

后来，没有哪个孩子会再嘲笑、戏弄他了。正好相反，他们全都欢呼着冲上前去请他签名。他刚刚又一次参加了令人赞叹的世界职业滑冰巡回赛，一系列高难度的冰上动作让观众如醉如痴。

目前他已经退役，不再当职业滑冰选手了，但是他仍旧是冬季运动中受人尊敬的教练、顾问和评论员。

虽然他身高只有一米五九，体重才52公斤，但是他肌肉健美，精力充沛，这就是前奥运滑冰冠军——斯科特·汉弥尔顿，他自信而自强，身高无法限制他的信念和力量。

高三，我奔跑，为了精彩人生的第一个梦想！

八、"神奇的哥"的启示

1. 德育主题

俗话说"三百六十行，行行出状元"，俗话还说"条条大路通罗马"，这都是至理名言。我始终认为杰出人才身上会有一些相同的素质，正是这些素质让他们由平凡变得优秀，由优秀变得卓越，由卓越变得伟大。我希望我的学生也能具有这样的素质，但我知道如果仅停留在"希望"层面，那这只是我的一厢情愿。我必须让我的学生自己去发现，自己去总结，自己去实践。

2. 德育目标

(1) 发现"神奇的哥"成功的秘诀；
(2) 领悟成功学习的方法。

3. 德育过程

第一阶段：教师导入

2006年3月13日，一篇名为《出租司机给我上的MBA课》的博文在网上发表，作者是微软中国公司全球技术支持部部门经理刘润，文中记录了他在打的赶往机场途中与一位上海"的哥"的一次"深感震撼"的交谈，用他自己的话说像"上了一堂生动的MBA案例课"。此文在几天内被众多网站转载，截至24日下午，仅刘润博客的阅读量已达2.7万人次。这名出租车司机名叫臧勤，在上海大众出租车公司工作。多数出租车司机月收入不到3000元，而他的营业额平均每月在1.6万元左右，扣除各项支出后，月收入约为8000元，是行业内数一数二的高薪司机。臧勤因此被称为"神奇的哥"。

一名商务管理人士说，臧勤不像是在开车，更像是在经营一项事业，主业是"快乐司机"，同时担任成本核算师、统计员、会计师、风险评估师，身兼数职还游刃有余。3月17日下午，臧勤受刘润个人邀请，前往微软公司为微软50多名员工"上了堂课"，45分钟里，他的讲话被掌声打断8次。中央电视台科教频道"走近科学"栏目，于2006年9月2日专门播出了一期节目，标题就叫"神奇的哥"。

一名普通的哥，却能面对微软精英侃侃而谈，传授自己的MBA心得。他，到底说了些什么？

一名神奇的哥，当其他的哥起早贪黑，每月挣两三千元时，他却能轻而易举地将8000元收入囊中。他，到底靠的什么？

草根英雄的创业神话，究竟暗藏着什么样的玄机？

下面就让我们一起走近这位的哥，揭开他神奇背后的秘密。

第二阶段：观赏视频（"走进科学——神奇的哥"）

请大家边看边思考并做好记录，整理出这期节目中揭示的臧勤成功的秘诀以及自己的感想，看完之后跟大家分享一下你的心得。（节目一共27分钟）

第三阶段：讨论发言

师：大家首先自由讨论一下自己的记录和心得，5分钟之后我们一起分享。

师：下面请大家谈谈自己的看法。

陈立昆：我印象最深的是一般出租车司机用里程来计算运营成本，而臧勤用时间来计算成本，并且细化到了分钟，于是想了很多办法来节省时间，这样工作效率就高了。

师：那他是怎么节省时间的呢？

陈立昆：比如他每天早上5:00就开始出车，这样可以抓住其他司机交接班的空当，占得先机。

师：很好。你很细心。关于这一点其他同学有没有补充？

许良：还有别人吃饭的时候他拉客，在上下班高峰期的时候，别人纷纷抢着拉客，他才吃饭。

师：那他为什么这样做呢？

许良：这样可以避开高峰期，也就避免了堵车造成的时间浪费，因为对他来说浪费时间就是增加成本。

师：你说得太好了，"浪费时间就是增加成本！"

段笑笑：还有一点，那就是乘客一上车他问明白目的地之后，会主动为乘客挑选最佳路线，而不是完全让乘客说怎么走。因为他对交通状况了解更详细，这样就可以避免堵车，而且他不是像有的司机故意兜圈子宰客，这样他就有了良好的信誉。但是，有一点我没想明白，那就是他为什么愿意亏本做一些路途较远的生意？

师：这是一个很好的问题，可以说也是他的独到之处之一，有没有同学理解这位的哥的用意？

（短暂讨论，有的学生仍在思考）

李朋：他也并不是总做这样的生意，要不得喝西北风了！（学生笑）我注意到那是一些特殊情况，就是在交通高峰期，乘客要到的目的地走闹市区虽然更近，但更容易堵车，他不愿浪费时间，刚才不说"浪费时间就是增加成本"吗，于是，他选择走高架桥绕远道但还按走闹市区的价收钱（师：不然乘客该不干了。学生笑），这样虽然赚得少甚至不赚钱，但避开了堵车，又可以到闹市区以外的地方拉客。这样做比起"放空车"开到那些地方还是划算的！

师：笑笑，你明白了吗？其他还有疑问的同学明白了吗？

（学生大都明白了）

师：我再补充一点，正如李朋说的那样，这肯定比"放空车"划算，同时他再拉客人回市区，跑的里程不就远了吗，这样收入不就更多了吗！

（学生恍然大悟）

薛强：其实，那篇博文我看过，文中还提到一点也很重要，那就是分析乘客的特征，选择最有收益的乘客。他还举了一个例子，我印象特别深。三个人在前面招手。一个年轻女子，拿着小包，刚买完东西；还有一对青年男女，一看就是逛街的；第三个是个穿羽绒服的男子，拿着笔记本包。他毫不犹豫地停在这个男子面前。这个男的上车后说："为什么你毫不犹豫地开到我面前？前面还有两个人，他们要是想上车，我也不好意思和他们抢。"他回答说，"中午的时候，还有十几分钟就1点了。那个女孩子是中午溜出来买东西的，估计公司很近；那对男女是游客，没拿什么东西，不会去很远；你是出去办事的，拿着笔记本包，一看就是公务，而且这个时候出去，估计应该不会近。"那个男的就说，你说对了。我很佩服他这一点！

（学生听了很惊讶，发出赞叹声）

师：薛强，你阅读面很广啊！很用心，记得这么清楚！

（薛强讲完并没有坐下，似乎还有话说）

薛强：不过，他这样做是有问题的，如果出租车司机都这样做，我们打的不是很不方便，甚至打不到的了吗？我觉得这种做法不值得提倡！

（有的学生说，"就是啊，这样做不是不公平嘛！"还有的说："这是歧视顾客。"）

师：大家能这样想，很不错！这是职业规范的问题，我们在佩服臧勤善于分析乘客特征的同时，也要看到这样选择乘客是不妥的。

师：刚才大家发现了他拉客的许多"窍门"，这些"窍门"，我将它概括为"科学方法"。

（板书：科学方法）

师：我想问为什么他能想到而有的司机就想不到呢？

赵智辉：因为他勤于反思，他每天回家后都要总结这一天的错误，不断改正。这是多么可贵的习惯和品质啊！俗话说"吃一堑，长一智"，他不断总结经验教训，就会越来越聪明了。

周浩：他还仔细研究交通路线，关注每天的交通状况，还有就是刚才薛强说的"分析乘客特征"，他真的是一个很用心的人！

师：很好，他很用心，并且勤于反思，除了这些还有其他秘诀吗？因为我觉得"用心"、"反思"，这些其他司机如果注意到的话，也可以做到，但这位的哥还有一个"神奇"之处，我对此深感震撼！

林瑜：我想应该是他还很善于学习！

师：能不能说具体点。

林瑜：节目中有一个镜头就是他回到家之后，还在看书，提到他在家自学有关心理学、经济学和礼仪方面的知识。一个的哥这样刻苦，工作那么累，还能坚持读书学习，很不可思议！

（同学啧啧称赞）

师：是啊！这样一个工作用心、勤于反思、善于学习的人能不成功吗？如果我们将他前面的那些窍门和技巧概括为"科学方法"，那这又是一种什么精神呢？（有的说"学习精神"，有的说"刻苦精神"，有的说"钻研精神"）

师：对，这是一种难能可贵的"钻研精神"。

（板书：钻研精神）

师：正是有了这种精神，他才会不断开动脑筋，不断总结经验，不断充电，才能取得其他司机难以企及的"优异业绩"。

（板书：优异业绩）

师：不过，刚才林瑜也说了他每天工作那么累，但他还能有精力刻苦学习，不断反思，而且看不出疲倦和厌烦，是什么让他劲头这么足，干劲这么大呢？节目中有几个细节很动人，不知大家留心了没有！

（学生有的在想，有的在讨论）

杨晓慧：他晚上回家时还唱歌，他说他经常唱一首叫"回家"的歌，可见他很热爱自己的家庭，热爱自己的生活。这一点让我很感动，工作一天，带着疲惫的身躯，但想到家里会有亲人等着，有饭菜热着，就会觉得幸福！

师：说得真好！这份热爱支撑着他！这份热爱可以带来幸福！还有吗？

（杨晓慧摇摇头）

师：对生活充满热爱的人，对家人充满眷恋的人，是甘愿付出的！

张紫君：还有一个细节！

师：你说说看！

张紫君：节目中他说他不抱怨堵车，他把堵车当作一种难得的休息。这是一种乐观的心态！乐观的人不会怨天尤人！

师：对！"乐观的人不会怨天尤人"，再加上晓慧刚才说的热爱生活、热爱家庭，我们把这种心态用一个词加以概括，那就是"阳光心态"！

（板书：阳光心态）

师：阳光是温暖的，它不仅能温暖自己，还能温暖亲人、温暖朋友；阳光是明媚的，它能驱散忧愁、融化疲惫。这种阳光心态能让我们以一种饱满的热情、投入的精神，开启自己每一天的生活！

（还有两分钟下课）

师总结：

现在，通过大家的总结交流和分享，我们可以说已经发现了"神奇的哥"的神奇之处，理解了他取得优异业绩的秘诀。让我们一起大声地将这个成功公式喊出来：科学方法+钻研精神+阳光心态=优异业绩。

我想神奇的哥的启示，不仅是如何做一个能月赚8000元的出租车司机，也不仅在于在今后的工作中如何精益求精，它对我们目前的学习也是大有裨益的。如果我们在学习中能够不断总结科学的方法，拥有刻苦钻研的精神，同时保持一种健康乐观的心态，我们也可以创造出属于自己的一份奇迹！

第四阶段：班会随笔

请大家将本次班会的感悟，尤其是由我们自己发现的神奇的哥的成功公式对我们学习上的启发写出来。

九、君子慎独

1. 德育主题

有位老师跟我说有一次他到一所中学考察，路过一间教室，学生在安安静静地上自习，并没有老师"坐堂"。考察的老师在走廊里从教室的前门走到后门，竟然没有一个学生抬头张望，他感觉到这个学校的学生素质很高，学习很投入，自制力很强。对此我也很是感慨，是啊，只有人前人后一个样，才说明我们的班级管理和德育工作做到了位。这需要班主任帮助学生树立"君子慎独"的观念。

2. 德育目标

(1) 理解"君子慎独"的美德；

(2) 了解实现这一美德的途径。

3. 德育过程

有一个人晚上开着车，经过一个十字路口，这时黄灯已转成红灯，他心想反正没车，于是加速冲了过去，结果不巧被警察拦了下来，警察问他："你没看到红灯吗？"

"有啊！"他答。

"那你怎么还闯红灯啊？"警察又问。

他说："因为我没有看到你呀！"

大家笑了，这确实是一个笑话。可是我们笑什么呢？笑交通警察吗？不是。笑那个闯红灯的人，笑他什么呢？笑他语言诙谐俏皮，也不是。我想大家还是笑他那句"因为我没有看到你呀"将他心里想的如实地表达出来了，而这种心理原本是"只可意会不可言传"的。而且，我还猜想，咱们是不是也曾有过这种心理，所以才会发出这样会心的笑。那么这是一种什么心理呢？遵守交通规则，本是每一个人都应该做到的，而且它既可以保护自己，也可以保护其他的行人。可是有时候我们就是做不到，存有跟他一样的侥幸心理，久而久之，遵守规则就变成做给别人看的一种行为了，如果没有别人的监督和被惩罚的危险，那么谁也不会做了，可能还会觉得那样太傻气！这种人前人后判若两人的言行，是什么呢？恐怕只能说是"虚伪"了。大家看这个"伪"字，不就是"人为"和"为人"的意思吗！"人为"就是刻意，就是勉强，不是发自内心、发自天性的；"为人"就是做给人看，就是为了博取称赞或逃避惩罚。

我想大家都不愿意做一个"伪君子"，那么就让我们做一个"真君子"吧！怎么做才算呢？今天我就告诉大家，那就是"君子慎独"，只要大家能够做到"慎独"两个字就是"真君子"了！那么，"慎独"是什么意思呢？慎独即自律，具体指在无人监督的情况下能模范地遵守道德规范，做到言行一致，人前人后都是君子。

要做到"君子慎独"好像很难，其实不难，中国自古就有这个传统，我随便给大家举个例子：

宋元之际，世道纷乱。学者许衡外出逃难，天气炎热，口渴难忍。路边有棵梨树，行人都去摘梨止渴，唯有许衡不为所动。

有人问："你何不摘梨止渴？"

许衡道："不是自己的梨，岂能乱摘？"那人笑他迂腐，说："世道这么乱，管它是谁的梨呢？它已经没有主人了。"许衡说："梨虽无主，我心有主。"

好一个"我心有主"！这一句很平常的话，再简单不过四个字，却为我们树立了一座人格的丰碑，生动地体现了"君子慎独"的内涵。如果仔细考量的话，这座丰碑应该有三方面的含义：第一，对诱惑和堕落的拒绝；第二，对安逸和懈怠的警觉；第三，对理想和信念的坚守。

(1) 对诱惑和堕落的拒绝。

无主之梨，按照常人的观点应该是"人人得以食之"的，可是在许衡看来，"不告而拿谓之偷"，盗窃可不是君子所为！所以，面对诱惑和堕落，我们必须把握住自己。咱们再来看下面这则故事。

汉代华阴人杨震，通晓经文，风雅清正，志存高远，人称关西孔子。他曾推荐"贤人"王密做昌邑县县令。一次，杨震因公事路过昌邑县，晚下榻于馆驿。夜深人静之时，王密怀揣十金前往馆驿相赠，以谢杨震知遇之恩。杨震拒而不受。王密急切之下说："此时深夜，无人知矣。"杨震正声而说："岂可暗室亏心（暗地里做些亏心事），举头三尺有神明，此事天知、地知、你知、我知，何谓无知？"一时传为美谈。

这个故事相信大家不会陌生，至少那"四知"经常被我们挂在嘴边。这"四知"告诉我们，只有光明磊落才能问心无愧！再来看下面这个故事。

一个顾客走进一家汽车维修店，自称是某运输公司的汽车司机。他对店主说："在我的账单上多写点零件，我回公司报销后，有你一份好处。"但店主拒绝了这样的要求。

顾客继续纠缠道："我的生意很大，我会常来的，这样做你肯定能赚很多钱！"店主告诉他，无论如何也不会这样做。顾客气急败坏地嚷道："谁都会这么干的，我看你真的是太傻了。"

店主火了，指着那个顾客说："你给我马上离开，请你到别处谈这种生意。"

谁知这时顾客竟露出微笑并紧紧握住店主的手说："我就是这家运输公司的老板，我一直在寻找一个固定的、信得过的维修店，我终于找到了，你还让我到哪里去谈这笔生意呢？"

面对诱惑不心动，不为其所惑，虽平淡如行云、质朴如流水，却让人领略到一种山高海深的崇高和深邃。这样的人也是真正懂得如何生存的人。

诱惑能使人失去自我，这个世界有太多的诱惑，一不小心往往就会掉入陷阱。找到自我，固守做人的原则，守住心灵的防线，不被诱惑，你才能生活得安逸、自在。

(2) 对安逸和懈怠的警觉。

天气炎热，口渴难忍，如果这时能够像其他人一样摘几个梨子吃，那该是多么快意和舒服的事情啊！可是，一时的安逸会使自己坚守的道德准则一落千丈，一时的懈怠就有可能让自己后悔一辈子！关于这一点，我们见到过太多的论述：

忧劳可以兴国，逸豫可以亡身！(欧阳修)

工作会被安逸的生活所累。(鲁迅)

对我们的学习而言：

贵有恒何必三更眠五更起，最无益只怕一日曝十日寒。

我们有些同学发奋起来也可以披星戴月，早出晚归，可是一旦松懈起来也可以在课堂上昏昏欲睡，在寝室里高谈阔论。

那么，我们看看大家所敬爱的周总理是怎么做的。

在人们的印象中，周恩来总是那样衣冠楚楚，风度翩翩。殊不知，他仅有的几套料子服装，大都穿了几十年，有的破损了，精心织补后继续穿。有一次，他穿织补过的衣服接待外宾，身边的工作人员说这套"礼服"早该换换啦。他笑笑说："穿补丁衣服照样可以接待外宾。""织补的那块有点痕迹也不要紧，别人看着也没关系。丢掉艰苦奋斗的传统才难看呢！"他的衬衣磨破了，换上新的领口和袖口照旧穿。1963年，他出访亚非欧14国，到了开罗，他换下缝补多次的衬衣，随行工作人员不便拿给外国宾馆去洗，只好请我驻埃及使馆的同志帮忙，并叮嘱洗时不要用力，以免搓破。大使夫人看到后，感动得边洗边流泪。

新中国建国初期，周恩来搬进了中南海西花厅，一住就是26年，直到他去世。西花厅是清朝乾隆年间修建的老式平房，潮湿阴冷。身边的工作人员于心不安，多次提出修缮，但他坚决不同意。1959年底，趁他和邓颖超到外地出差时间较长，工作人员对西花厅进行了保护性维修。他回京一进门就惊讶地问："这是怎么回事？谁叫你们修的？！"他还说："我身为总理，带一个好头，影响一大片；带一个坏头，也影响一大片。所以，我必须严格要求自己。"按照他的要求，撤掉了新添置的地毯、沙发、窗帘、吊灯等陈设。事后，对这次"修房风波",他主动在国务院会议上做了三次检讨,向到会的副总理和部长们说:"你们千万不要重复我的这个错误。"

这就是我们开国总理的日常生活,在他的朴素和严谨面前,我想大家都会或多或少感到羞愧。当然,我并不是要求大家都以过"苦行僧"的日子为乐,而是想提醒大家面对高考的压力和激烈的竞争,不能一味地追求安逸。有些同学一上课就想下课,刚周一就想周末,刚提起笔就想打篮球,逃避紧张繁重的学习任务,停下了追求进步的脚步,最终的结果可想而知。

(3) 对理想和信念的坚守。

正如前面所说,如果许衡没有对个人信念和人格理想的坚守,他也不会毫不犹豫地拒绝别人的劝告和坚定不移地面对别人的讥讽。

《五元灯会》上曾载有这样一则故事:

由于战乱,普陀寺的众禅师决定迁移庙址。在迁徙途中,只有豫通大师一人坚持早课,从不荒废。有人劝曰:"此处无佛,大师可不必如此。"豫通大师答一偈子曰:"此处无佛,我心有佛。既诚我心,是诚我佛。"

好一个"既诚我心,是诚我佛"!其实每一个人的心中都有一尊佛——自己的良心。大庭广众之下的君子是众人的君子,只有独处一室之时的君子,才是自我的君子。君子慎独,对自己诚实,就像是空谷中的幽兰,即使无人知晓,也始终散发清香;那些不懂得"慎独"之人,徒然地欺骗着自己的良心,内心最终会成为臭不可闻的鲍鱼之肆!

所以我说要成为"慎独"的"真君子",很简单,只要能做到"我心有主";又不简单,因为你还必须"拒绝诱惑和堕落、警觉安逸和懈怠、坚守理想和信念"。

最后我送给大家一副对联:

我心有主非礼勿言非礼勿视非礼勿动
君子慎独拒绝诱惑警觉懈怠坚守信念

横批是:自律自强!

十、理想是灯

1. 德育主题

流沙河曾写过一首理想之诗——"理想是石,敲出星星之火;理想是火,照亮夜行的路;理想是路,引领我们走向前方……"理想就像一盏明灯,没有它,我们只能在黑暗中摸索前行,不仅会错过许多人生的风景,还容易误入歧途,浪费宝贵的生命。班主任应当帮助学生确立自己的人生理想和阶段性的奋斗目标。

2. 德育目标

(1) 理解理想的宝贵,并从中获取奋斗的动力;
(2) 学会科学合理地制订奋斗目标。

3. 德育过程

第一阶段:欣赏由史铁生《命若琴弦》缩写的《一千根琴弦》

许多年前,有个老瞎子带着一个小瞎子走南闯北,四处漂泊。他们靠着手上的二胡,给人卖唱,维持着生计。小瞎子说,师傅,什么时候带俺去治眼病呀?俺不想一辈子做瞎子。老瞎子说,俺的师傅说过,只要拉断了一千根琴弦,就可以打开二胡盖子,里面有治眼病的秘方。小瞎子倒吸了一口凉气,说,一千根琴弦?那得拉多少年呀?现在不可以打开盖子吗?老瞎子不容置疑地说,不行!那会不灵验的。

小瞎子跟着老瞎子继续漂泊,小瞎子拉的二胡越来越中听了,不管是《平湖秋月》,还是《喜洋洋》,在他纤巧的手指下袅袅飘出,总是博得满堂喝彩。小瞎子发誓要拉断一千根琴弦。

许多年后,小瞎子终于拉断了一千根琴弦。这时,老瞎子师傅已经死了,小瞎子成了老瞎子。老瞎子颤巍巍地打开二胡琴盖,里面有一张纸条。老瞎子逢人就出示这张纸条，然而所有的人都无一例外地告诉他，这只是一张空白纸条。老瞎子把纸条撕得粉碎，也把自己的心撕得粉碎。他茫然地在大街上踯躅，喃喃自语："师傅，你为什么要骗我？"老瞎子想了很久很久，他终于想清楚了：师父是为了激励自己练好琴艺，以后不会饿死。

后来，老瞎子又带了一个小瞎子。他们继续拉着二胡。小瞎子说，师傅，什么时候带俺去治眼病呀？俺不想一辈子做瞎子。老瞎子说，俺的师傅说过，只要拉断了一千根琴弦，就可以打开二胡盖子，里面有治眼病的秘方。小瞎子倒吸一口凉气，说，一千根琴弦？那得拉多少年呀？现在不可以打开盖子吗？老瞎子不容置疑地说，不行！那会不灵验的。

第二阶段：学生讨论这篇文章的深刻含义

第三阶段：老师总结并引出班会主题

生活就是这样，有了目标，你才会觉得一切辛劳都是值得的，而一旦失去目标，你也就失去了生活的信念。

曾记起这样一句话：你可以平凡，但绝不可以平庸。确实如此，大千世界，沧海一粟，我们都很平凡，但平凡有了理想的召唤，有了执着的行动，一样活得精彩。怕的就是毫无目的地生活，过一天算一天，坐吃山空，玩物丧志，无异于没有灵魂的躯壳一般。

正如流沙河理想之诗所说的，有了理想，生活就有了希望，有了奔头，生活的理想是为了理想地生活。瞎子拉断一千根琴弦，看似不可思议，遥遥无期，但结果真的成为现实。虽然最终他没有医好自己的双眼，但他在奋斗的过程中找到了人生的价值。

现代生活纷繁复杂，我们的心灵难免会被眼前的东西所遮蔽甚至被迷惑。其实，只要我们时刻让心中的理想之灯光亮依旧，并持之不渝地付诸行动，就不会有什么东西能打败我们。外界环境或许很难控制，但只要心中有灯，怀揣一份梦想，守候一份光明，坚持一份信念，成功定会不期而至。

今天的班会主题就是"理想是灯"！

第四阶段：制订奋斗目标要"三忌"

上周让大家每人设计一张励志卡，就是想让大家给自己设定一个目标，为自己点一盏"理想之灯",怀揣着希望上路。就像今天早上党龙龙同学精彩的班务日记写到的那样,高补是"炼狱",是马拉松,在这九个月中,最良好的状态是心中永远有理想,最可贵的品质是永远为理想而努力。

我仔细地看了全班同学交上来的励志卡(个别同学没有交),看着这一张张设计新颖别致、内容豪迈充实名副其实的"励志"卡,我心中充满羡慕之情。为什么?因为你们还年轻,还有机会为那些实力雄厚、享誉全国的大学而努力,而我已经没有这样的机会了。再就是为你们不甘平庸、志存高远的豪情所激励,让我对你们充满希望,浑身是劲,即使感冒一个多星期了,还能每天上4个班的课而不觉疲惫!我相信如果大家都踏踏实实一步一个脚印地走、争分夺秒地学的话,你们定能创造济源一中英才苑新的辉煌!

但我还是从中想到了一些问题,也许是我神经过敏多虑了,在这里一并提出,希望我们大家"有则改之,无则加勉"!那就是在确立目标时的"三忌"。

一忌灰心。

就我了解的部分学生的学习基础和英才苑以往同学的成绩来说,个别同学为自己确立的目标偏低了。我不是鼓励大家搞"大跃进"、"浮夸风"、"人有多大胆,地有多高产",而是在想,既然我们来补习,毫无疑问,我们已经比应届生耽误了一年,那么我们就要用更高的分数、更理想的大学来弥补这个损失。如果你今年过了专科线或接近专科线,明年的目标只是个三本,那你值吗?我觉得不值!同样,今年你过了三本,明年的目标只是个很普通的二本,而不是二本中的好学校、好专业——就算不是重点也行——那你值吗?我觉得不值!所以,为了让这一年的时间不白过,你就应当上一个甚至两个台阶,由专科而二本,由二本而重点。

二忌攀比。

俗话说"人比人气死人",这很形象也很尖锐地揭示了盲目攀比的危害和愚蠢。大家的兴趣爱好、个性特征,尤其是学习基础不可能一样,这就决定了我们的目标也不应该一样。这并不难理解。我们班有一些同学今年已经过了二本线,那他们明年的目标是什么,必须是重点或名牌。我们班也有今年考得不太好的，那我们的目标就是努力追赶，稳夺二本，力争重点。今年我们英才苑不就有一个同学去年专科线都没过这次却考上重点大学吗！所以，你要根据自己的学习基础、进步空间来为自己制订一个可实现的目标，哪怕你理想中的大学不如别人的规模大、名声响，只要是经过努力实现了的，就不必觉得难为情，为什么？"尽吾志则无悔矣！"而且经过一次高考，尤其是填报志愿，我们应该知道并不是名牌大学的所有专业都好，有些二本和普通重点大学的强势学科比一些名牌大学的更有实力。我有个好朋友，他那一年的分数达到了中山大学和武汉大学的录取分数线，而最终报的是西安电子科技大学。因为他感兴趣的那个专业，是国家级的重点学科，仅次于清华大学。他本科毕业后被保送上本学科本专业的研究生，现在在西安的一个高科技电子企业上班，年薪六万。

<u>三忌虚荣。</u>

实际上攀比就是虚荣，但它还不足以概括虚荣的危害。虚荣是自欺欺人，是一种心理包袱。在确定目标时，如果不能正视自己，最终会让你背上沉重的心理负担，影响你的学习，阻碍你的进步。人生需要拼搏与奋斗，但如果理想高不可攀，就会看不到希望，看不到实现的可能性。那你还有劲头始终保持昂扬的斗志吗？一个星期一个月可以，十个月呢？

1984年，在东京国际马拉松邀请赛中，名不见经传的日本选手山田本一出人意料地夺得了世界冠军。当记者问他凭什么取得如此惊人的成绩时，山田本一笑笑说："凭智慧战胜对手！"在场的记者懵了，以为山田本一故弄玄虚，哪有马拉松比赛靠智慧而不是靠体力和耐力取胜的？两年后，意大利国际马拉松邀请赛在米兰举行，山田本一代表日本参赛，这一次，他又夺得冠军。记者再次请他谈谈经验，山田本一沉默了一会儿，还是那句话："凭智慧战胜对手！"记者还是迷惑不解，他到底靠的是哪门子的智慧呢？

十年后，谜底终于在他的自传中揭开："每次比赛前，我都要乘车把比赛线路仔细看一遍，并把沿途比较醒目的标志画下来。比如，第一个标志是银行，第二个标志是一棵大树……一直画到赛程终点。比赛开始后，我就以百米的速度奋力冲向第一个目标，到达第一个目标后，我调整自己，又以同样的速度,向第二个目标冲去……40多公里的赛程就这样被我分解成许多个小目标轻松地完成。其实,起初我并不懂得这个道理,我始终把目标定在40多公里外终点线上的那面旗帜,结果我跑到十几公里处就疲惫不堪了,我被前面那遥远的路程给吓倒了。"

如果说理想是灯,那么基础和进步的空间就是空气,如果把理想的位置放置得太高,就像灯最终会因缺氧而熄灭!山田本一不贪大求全,不断给自己确立合适的目标,这不就是一种智慧吗!它直接的好处就是能让他充满希望,满怀信心地跑完全程,并在不知不觉中将疲惫不堪的对手甩在后面!

因此,我们为自己确立目标、树立理想时应保持一种不灰心、不攀比、不虚荣的平和心态,既要有理想的高远,又要有现实的基础,并最大限度地挖掘自身的潜力,将之变成竞争的实力。在理想之灯的指引下,愉快地、坚定地跑完高补这场马拉松,成为自己的冠军!

十一、冬天该做的事

1. 德育主题

高三的冬学段往往是第一轮复习的攻坚阶段,任务重,难度大,会涉及很多学生以前没有掌握好的知识,所以显得困难重重,进步缓慢!再加上天寒地冻,学生的学习情绪会受到一定的影响。但是,冬学段又是非常宝贵的提高自己、超越自己的最佳时期,也可以说是最后的机会。因为来年一开学就将近3月份,那时做题训练是"主旋律",像第一轮复习那样系统扎实地扫除学习障碍的时间就很少了。所以,我必须要让学生充分认识到这一点!

2. 德育目标

(1) 充分理解高三冬学段的学习特点,增加克服困难的勇气;
(2) 学习"木炭精神",为实现超越积蓄能量。

3. 德育过程

第一阶段：由学生配图配乐朗诵《冬天的故事》

冬天的故事很长很长

长得在我梦中流淌……

记忆中的冬天没有太阳

太阳已被深深地冷藏

冷藏在漫长的梦里

梦里只有淡淡的星光

冬天的童话里有位白雪姑娘

姑娘的美丽犹如皎洁的月亮

月亮上覆盖着皑皑白雪

白雪中期待着王子的目光……

冬天的雪花在轻舞飞扬

飞扬的北风吹透我瘦削的胸膛

胸膛里流动着滚烫的热血

热血染红了我憔悴的脸庞……

冬天的故事是残留着血色的红枫

红枫在寒冷的白雪中颤动

颤动的是我不倦的期待

期待着与太阳再次相逢……

冬天的故事很朦胧

朦胧就像走在浓浓的雾中

雾中依稀望见归家的小路

小路曲曲弯弯通向渺茫的天空……

冬天的故事读也读不懂

不懂为何要离去匆匆

匆匆间踏上漂泊的旅程

旅程上缀满了故乡的梦……

冬天的故事很长很长

长得在我梦中流淌……

第二阶段：老师评价这首诗的内涵并引出班会主题

这是一首关于期待与梦想、激情与盼望、故乡与流浪的诗歌！

四季轮转，各有性格，春天绚烂，夏天热烈，秋天伤感，冬天呢？冬天是岑寂的，冬天的天寒地冻让人不再习惯在外求索奔忙，躁动的心灵慢慢变得宁静安稳，最适合思考和玄想。回忆自己这一年的得与失，反省过去种种的对与错，并开始准备打点行装，砥砺斗志，迈上新的征程！对我们而言，在这个冬天，我们该做什么呢？

今天班会的主题就是"冬天该做的事"！

第三阶段：理解冬天该做到的"平和、静默、自信"的含义

第一，平和地承受风雪。

冬天的风刀霜剑、白雪飘飘会让许多人难以忍受，可是如果没有它们，不仅让人感觉单调无聊，还会让庄稼人忧心忡忡。因为他们此时盼望的就是能有一场痛痛快快、纷纷扬扬的大雪，让蛰伏的害虫难逃一劫，明年的庄稼才能安然无恙。"瑞雪兆丰年"，质朴的语言蕴含着深深的智慧与期待！

我们也是，冬学段的复习任务重、难度大，由于会触及很多以前没有掌握好的知识，所以显得困难重重，进步缓慢！可能会让人动摇，让人泄气，这些负面的情绪和想法就像冬天寒冷的天气，让人无处躲藏又无可奈何！可

是，我们又没有退路，在高考的路上，"退路就是绝路"，怎么办？我只想重复一点，"补习就是用来克服缺陷的"。如果我们不能从复习进程中发现问题，并用自己的踏实勤奋解决问题，怎么能进步？所以，大家要坚信"弱势就是潜力，困难就是台阶"，平和地承受风雪的洗礼，迎难而上，才能锻炼坚强的筋骨，实现不凡的进步！

第二，静静地积蓄营养。

曾看过这样一个故事：

一个小孩与他的父亲来到一个农场，孩子在玩耍时发现有一棵树已经死了。树皮剥落，树干也不再呈青色，完全枯黄了，小孩伸手碰了一下，枝干发出"吧嗒"的声音就断了。孩子对他爸爸说："爸爸，那棵树早就死了，咱们把它砍了吧，来年再种一棵。"爸爸阻止了他，说："孩子，也许它的确是不行了，但是，冬天过去，它可能还会萌芽抽枝的——它正在养精蓄锐呢。记住，孩子，冬天不要砍树。"果然，第二年春天，那棵好像完全死去的树居然真的重新发芽，在春天里展露出勃勃生机。其实，这棵树死去的只是几根树杈，根还是紧紧地抓住了大地的。因此，到了春天，它又能枝繁叶茂地生长，绿荫宜人，与别的树没有差别。

这个故事告诉我们：冬天并不是万籁俱寂，了无生机。那些看起来好像失去生命与活力的树木，从没有停止过从空气与土地里汲取营养，它们憋着一口气，铆足一股劲，源源不断地积蓄营养，就是为了春暖花开时的如期开放，绿叶成荫。

同时，这个故事还告诉我们，在看似绝望的环境中，一样不能放弃对春天的渴望，不要轻易打碎曾经的梦想，因为不到最后的关头，谁也无法预料结局究竟会怎样！

这一次期中考试，有些同学进步不大或者没有进步，我曾经说过这并不代表你一点没有努力，学如逆水行舟，没有退步也是需要付出的，只是咱们在方法上或者用功程度上还应该改进。有句老话说"不怕慢，就怕站"，这话原来说的是担挑子慢一点不要紧，关键是不能撂挑子停下来不走了，因为那样的话很可能你就没有再挑起担子的勇气了。学习上也是如此,你可以进步得比别人慢一些,这顶多是面子问题,可是一旦停下来,你可能就没有时间再赶上了,这样也就永远失去按时到达目的地的机会了。

不停止积累,不放弃希望!

第三,自信地吐露芬芳。

经过"平和"与"静默"两个阶段,待到山花烂漫时,你就会是最灿烂的"一朵"。但是,在这之前的漫漫征途中,你要做好忍受看不到明显进步的煎熬的准备,要与自己内心涌动的失落甚至绝望的情绪抗争,坚定自信地挺过来!就像我说过的"木炭精神",木炭在燃烧之前总是黑乎乎一片,看不出一点火星,但还在一度一度地积累温度,一旦达到合适的温度就立刻熊熊燃烧。你能说它在燃烧之前的积累没有价值吗?

大家都知道这样一个故事,一个人买烧饼充饥,吃了一个没吃饱,又买了一个还没吃饱,直到吃到第七个才吃饱。打了个饱嗝之后,回过头来就找卖烧饼的算账,生气地问为什么不直接把第七个烧饼卖给他,害得他多花了六个烧饼的钱!大家都会嘲笑这个人是一个"憨人"(本地方言,意同"傻子"),可是就有学生犯了跟他一样的错误,不愿意付出那前六个烧饼的积累就幻想巨大进步的"饱嗝"!这不是"痴人说梦"吗?

有一句话说得好,已经被许多同学当作座右铭了,那就是:"只有经历地狱般的磨炼,才能炼出创造天堂的力量;只有流血的手指,才能弹出世间的绝唱。"

以上也是我对大家在冬学段学习状态的期望,那就是:"平和",以平和的心态面对可能比较困难的学习;"静默",摒弃喧闹和浮躁;"自信",信心十足地朝着既定的目标不断靠近!

十二、一起走过的日子

1. 德育主题

本次班会是学校"德育优质课"评比的公开课,地点在学校大会议室,听课的有校长和全校班主任。我不愿意上一节排练好的"作秀课",可是本周的班会已经开过,学生没有潜在的班会需求,怎么办?这时,我想到马上就是元旦,学生的补习生活已经过去一半,在这个"辞旧迎新"的时刻,不如师生一起盘点已走过的高补岁月,发掘心灵深处的感动瞬间。

2. 德育目标

(1) 主动表达对别人的感激和欣赏,增进了解,加深友谊;

(2) 促进和谐融洽互帮互助的班级风气。

3. 德育过程

第一阶段:导入班会

班会,咱们已经开过十几次了,可是,在这里开还是第一次。大家一定感到新鲜、新奇,是不是还有一点紧张呢?大家紧不紧张?其实,大家根本用不着紧张,无论到什么时候,在什么地方,只要是我们师生在一起,那就是我们理科二班的课堂和教室,所以屏幕上显示的是:"英才苑理科二班欢迎您!"现在,就让我们以主人的身份,用最热烈的掌声欢迎各位领导和老师光临理科二班!

刚才,我说我们已经开过十几次班会了,同学们,我们到底开过多少次班会呢?(学生回答不清楚)看来是有些说不清,那就让我们一起来回顾一下历次班会。我希望大家边看边回忆,回忆什么呢?回忆以每次班会为标志的那段时间里,你的经历,你的感受,你的失落,你的收获,回忆我们共同经历的苦辣酸甜、喜怒哀乐……

第二阶段：回顾历次班会，引出本次班会的主题（课件展示）

(15次主题班会展示完毕)那我们今天班会的主题是什么呢？就是刚才一直在大家眼前和心里呈现的"一起走过的日子"！

在这里，我想用一首诗来为我们一起走过的日子做个小结！

(配乐诗朗诵《一起走过的日子》)

一起走过的日子，

是一首诗，

吟过了便感慨良多；

一起走过的日子，

是一首歌，

唱过了便思绪万千；

一起走过的日子，

我们

用年轻的心绪泼洒浪漫，

用美丽的梦境装饰青春，

用纯真的向往编织梦想；

一起走过的日子，

我们

曾有指点江山激扬文字笑看落花的如诗情怀，

曾有独上层楼拍遍栏杆望断天涯的似雾惆怅。

一起走过的日子啊，

我们梦幻过爱恋过疯狂过，

我们欢笑过哭泣过迷惘过，

我们追寻过放弃过奋斗过。

一起走过的日子
是最美的酒，
在岁月中越酿越香醇；

一起走过的日子
是最香的花，
在心灵里越开越灿烂！

在未来的人生里，
或许我们一无所有，
一起走过的日子，
却是永远珍藏的财富！

第三阶段：引入并开展"三个一"活动

正如诗中所说，"一起走过的日子"是一首诗、一支歌，我们唱也唱不完；"一起走过的日子"是一杯酒、一朵花，我们品也品不尽。因为它承载着我们的记忆，留下了生命的烙印，是值得我们"永远珍藏的财富"！

那么回首一起走过的144天，"有没有一句话让你难忘，有没有一个人让你感激，有没有一件事让你铭记……"（课件展示）请大家打开记忆的闸门，让时光倾泻出来，细致回忆，真诚表达，可以三个方面都谈谈，也可以只说其中的一个方面。（给学生4分钟时间回忆、交流）

第四阶段：师生共同回忆、交流"一起走过的日子"

郑杰：我最难忘的一句话是老班您告诉我们的……

（话还没说完，就被学生的笑声打断，我也很惊讶）

师：是吗？我很荣幸！说来听听吧！

郑杰：就是您在开学不久的班会上送给我们的"不要像一般人那样生活"！在此之前，我还没有遇到在公开场合表达自己理想的老师。您的这句话激励了我。我觉得人活着，不能甘于平庸，碌碌无为，那样还有什么价值！以前我到这里补习的目标只是考上一所本科大学,现在我觉得有必要重新规划我的人生目标,也许我的一生很平凡,但不可以平庸!

师:是啊!我们的人生可以平凡,但绝不可以平庸!请大家为郑杰,也为自己鼓掌加油!

赵智辉:让我难忘的一件事也是老班您……

(学生大笑,我也笑了)

师:同学们!我很感激,但是也不能搞个人崇拜啊!

(学生又大笑)

赵智辉:大家知道我家在外地,今年中秋节的时候,因为是第一次离家上学,很想家,但又不可能为了这个请假,跟家人团圆。那天下午,老班您将我叫到教室外边,给了我一块月饼和一个苹果,还说了许多鼓励的话,我真的很感激!谢谢您!(学生鼓起了掌)

师:不客气!师者父母心,咱们都是一家人!

任博:我最难忘的一句话是陈立昆说的,有一天他在寝室说:"我真想将理综(高中理科综合——作者注)学好啊!"就是这样一句简单的话,让我深有同感。我的理综也不好,学习起来有很多困难,但是我知道还有许多同学跟我一样在默默努力,我觉得自己不再孤单!

师:那就让我们为任博和陈立昆加油!希望他们能早日将成绩提高到理想的程度!(学生鼓掌)

陈立昆:我还真不知道,我的那句话给任博那么大的力量!(大家笑)我最感激的是咱们班所有的同学。我们都是2007年高考的失意者,从不同的班级走到一起,但是大家并没有互相"隔离",而是团结在一起,努力奋斗。我也希望咱们班所有同学都能在2008年高考中夺回我们曾经失去的!

(大家热烈鼓掌)

郑桂龙:最让我感激的一个人是咱们的班长——李朋,有一次,我的餐卡丢了,他帮我到处找,跟我一起去挂失,并请我吃了两顿饭,到现在也不让我回请他!我想说:好哥们儿!滴水之恩当涌泉相报,以后我会请你吃山珍海味的!

(学生暴笑)

李欢欢：我最感激的是咱们的英语老师！我的英语很差，但是英语老师并没有嫌弃，每次给我讲题都是那么认真详细，上课时还经常提问我，现在我的英语也开始慢慢提高了！我为咱们班有这样的好老师而感到骄傲！

师：今天，英语老师虽然不在班会现场，我们还是应该向她表示深深的敬意，作为班主任，我也为咱们班有这样负责的老师而感动！大家应该怎么表示？(学生掌声雷动)

……

师：大家说了那么多，让我认识到大家都有一颗细腻的心、一颗感恩的心，这比什么都重要。刚才郑桂龙说"滴水之恩当涌泉相报"，但我知道没人是为了有所"回报"才说才做的。大家这种与人为善的美丽心灵十分可贵，我也从大家那里收获了许多感动，借此机会，向大家表示谢意。下面我给大家读一篇自己的随笔——《做你们的老师，是我的幸福！》：

这两天天晴，温度陡然升到20多度，学生刚吃完饭来到教室，还是有点热的，于是，教室里的电扇又慢慢地摇了起来。晚上自习时，我在讲台上备课，坐下没多久便连打了三个喷嚏，因为我刚在体育馆里的健身俱乐部锻炼了一个小时，出了一身汗。坐在第一排开关旁边的薛强马上不声不响地将电扇关了，我顿时感到一阵温暖。

张建华是开学之后从博爱转来我班的，特别懂礼貌，每次见到老师都停下来叫一声"老师好"，交作业或给我什么东西时总是双手递上，眼睛不躲不闪，恭敬有礼。这让我除了感动，还很愧疚，因为好几次我都只用一只手接下！

一次，我给赵克会批完走读假条，让他帮我进班把班务日记拿来，他不仅很快拿来，还出人意料地给我拿了一个苹果。这一个苹果里有学生对老师的认可、欣赏、关心……我又怎能不感动！

……

还有，我前几天因母亲生病回老家一趟，在家收到一条短信，"老班，您怎么还不回来啊？她老人家的身体还好吧？"当时我没看到，后来回短信问是不是班里有什么事，这位同学回复道："没事！就是李朋想问问您有什么指示没，班里很好，不要担心，祝您平安归来！"在这里，我要向咱们班长李朋和这位我至今也不知道是谁的同学说一声"谢谢！"你们的问候给了我莫大的安慰。

所有这些都让我觉得当你们的班主任是一种幸福！你们给予我的比我能给你们的多太多了！

大家刚才的发言充分地证明了我们理科生并不是传说中的"做题机器"，复读班也不是苦不堪言的"人间地狱"，我们同样有着明亮的眼睛、丰富的心灵、敏锐的感受、真挚的感情，我再次为能做你们的老师感到幸福！

（大家鼓掌）

第五阶段：结束语

岁末年终，我们师生百人齐聚一堂，回忆已走过的高补岁月，打捞尚未沉入记忆的令人感动、值得珍藏的点点滴滴，是为了一起心存感激，怀揣希望上路，走出一条温情又激昂、温馨又辉煌的成功之路！

祝大家在即将到来的2008年——金榜题名偿夙愿，美梦成真慰平生！此次班会到此结束！谢谢大家！

十三、我16岁了

1. 德育主题

"16岁"，是一个标志性的重要时刻，它标志着从少年向青年的跨越，意味着要更多地为自己的言行负责。同时，这也是学生非常重视的一个生日，班主任应当合理引导，让学生在为自己庆祝之余，能深刻体会到成长的喜悦和责任，感受到父母师长的祝福和期待。

2. 德育目标

(1) 抒发成长的喜悦；

(2) 感受父母的祝福。

3. 德育过程

第一阶段：班会缘起

此次班会召开源于一次班级的突发事件：我班的买奇杰同学要过16岁的生日了，非常期待，非常兴奋。在回寝室之后，他借来同学的表开始为自己将要到来的16岁生日倒计时，并对寝室里的其他同学说，"12点整的时候，请大家祝福我的16岁生日。"寝室里的其他同学都以为他开开玩笑就算了，谁知这位同学在12点整的时候准时从自己的床铺上爬起来，一个一个把其他同学叫醒，并大呼自己16岁了！

通过学生的随笔了解到这件事情之后，在为其他学生的所作所为感到生气之余，我被买奇杰同学对于成长的喜悦深深地感动。同时，想到班上的学生大多都要16岁了，于是，有了这次班会。

第二阶段：班会准备

找买奇杰及其寝室里的同学沟通，要求他们以"我16岁了"为题将那天晚上在寝室里发生的事情以小品的形式展示出来。

要求学生为自己将要到来的16岁或17岁写一首诗，以随笔的形式交上来，将比较优美的诗做成课件。

通过校信通、电话、班级博客等形式，向学生家长征集对学生的祝福和期待。

找两首歌曲——"小虎队"的《红蜻蜓》和满文军的《懂你》。

第三阶段：导入班会

（打开课件，显示班会主题"我16岁了"。同时播放歌曲《红蜻蜓》渲染气氛。）

师：上周三的晚上，在男生46号寝室发生了一件事情。下面请欣赏由男生46号寝室全体同学带来的小品《我16岁了》。

第四阶段：小品表演

旁白：晚自习的铃声响了，他们飞奔回到寝室。

（46号寝室的同学三三两两地上场，做回到寝室状，掏钥匙开门。进入寝室之后，他们像平时一样，有的坐在床边吃东西，有的去别的寝室串门，有的去水房洗脸。）

买奇杰进门，伸开双臂，仰头大叫：我16岁了！我16岁了！我16岁了！兄弟们，我马上就要过16岁的生日了，大家都得送我礼物，不要忘了。

学生甲：送你礼物？先请大家吃饭。

买：先送我礼物。

（大家一直吵吵闹闹。）

旁白：10点15分，熄灯号响了。

学生乙：快点上床，一会儿老班该来查了，快点快点。

（寝室同学有的做急忙洗刷状，有的抓紧往床上爬。）

买：老许，你的表借我用用吧。

许博文：干啥？

买：我要为我的16岁生日倒计时。

许：不借你，明天早上我还得用呢，再说，倒什么计什么时呀，不就是16岁了吗？

买：你借不借？

许：不借！

（买冲上去就抢，两个人笑着扭到一起，最后表还是被买抢走了。）

买拿到表，看看时间大声地说：现在距我16岁的生日不到两个小时……

旁白：10点25分，生活老师查寝了。买奇杰还在嘟囔着倒计时。

（学生丙出场，手拿一本卷着的书作手电筒，模仿班主任嘴里念叨："睡了！抓紧时间睡了！还没有上床的快点。"）

旁白：10点35分，寝室里有人已经睡着了，可他仍在不停地看表，为自己的16岁生日倒计时。

买奇杰：（不时地看表）还有80分钟30秒，80分钟20秒……

学生甲：奇杰，睡吧，老班查到你了，你生日可过不好了。

买：知道了。

旁白：10点50分，寝室里的所有同学都睡着了，呼噜声此起彼伏，还有说梦话的。只有买奇杰依然在为自己的16岁生日倒计时。

（学生甲、乙、丁分别打呼噜、说梦话。）

旁白：11点59分50秒，他兴奋了。

买奇杰：（兴奋地从自己的床上一跃而起，并压抑着大声地说着）10、9、8、7、6、5、4、3、2、1，我16岁了！我16岁了！我16岁了！"

（还把寝室里其他的室友一个一个地摇醒，并告诉他们："我16岁了。"）

小品结束，学生演员下。

第五阶段：16岁的色彩

师：刚才这个小品是发生在咱们班男生46号寝室买奇杰身上的真实的故事。买奇杰的做法违反了寝室规定，而他已经向我认错。今天，他和室友给我们带来了精彩的表演，大家能原谅他吗？

（大家呼喊"能"。）

奇杰的这并不合适的做法表达了对成长的渴望、对生命的喜悦。你们大部分同学将要在今年过自己的16岁生日。16岁是花季，16岁的天空是多彩的，你们认为16岁是什么颜色，为什么？

（幻灯片：展示一幅图片，青青的草地上有一条弯弯的小河，蓝色的天空挂着一道彩虹。显示文字：16岁的色彩。）

（这部分是学生的自由发言，学生将色彩和16岁的特点联系起来，回答得非常精美。）

第六阶段：16岁的诗

师：16岁是美丽的，美丽到我们只能用诗的语言来描述它。前几天，大家都为自己的16岁写了诗，在这里，由于时间关系，我们只能欣赏几首，当屏幕上显示谁的诗，就请谁站起来为大家诵读。

十六岁随想

（赵晨）

十六岁

越来越喜欢"隐忍"这个词

亦渐渐学会接受

学着怎样将悲伤像糖果般嚼得粉碎

学着将最美的笑容给每个爱我的人

终究明白

有些事情是你必须勇敢面对的

手心里，依然有着纠缠不清的纹络

血管里，依然淌着缠缠绕绕的血液

何去何从

不再那么彷徨

开始的开始

我们携手挥霍着青春

最后的最后

我们学会勇敢和坚强

中间的中间

我们无声地长大

可我依然听见生命拔节的声音

声声脆响

呼啦啦

阳光在身后碎成满地的鲜花

祝福自己的十六岁

张扬的、任性的、无所畏惧的

怒放的十六岁

（另有多位学生诗作，此处从略——作者注）

师：我们一天天成长，而父母却一天天老去。所以，我们说是写给自己16岁的诗，王新颖却把它献给了自己最亲爱的父母。

（屏幕上显示王新颖的诗，背景音乐是《懂你》）

其实我真的很懂你

（王新颖）

回首过去
十五个春秋
十五年的风风雨雨
是您陪我度过
是您给我勇气
是您教会我做人的道理

慢慢的我长大了
有了思想，有了主意
但在您的眼里
我永远是个孩子
永远是个乖乖女

在时间的长河里
有坎坷，有荆棘
但更多的是美好的回忆
那些属于我们的
美好回忆
我将永远珍藏

您常常说
女儿长得这么快
一眨眼，从一个小不点
长成大姑娘了
我想告诉您
放心，女儿已经学会照顾自己

虽然羽毛尚未丰满

但搏击蓝天的雄心早已就绪

虽然思想尚未成熟

但可以分辨得清黑白好坏

"努力总会有收获"

它已刻在我的脑海，Forever

放心，您的爱会使我的人生之船

鼓足风帆

驶向成功的彼岸

其实，我真的很懂你

如果有来生

我们还是一家人

相亲相爱的一家人

第七阶段：父母的信

师：我们忘不了我们的父母，父母当然忘不了我们。在这里，有几封家长的来信，读给大家听听，也许不是你的父母写的，但天下父母的爱都是一样的。

阳阳：

女儿，你从小到现在，在家里是好女儿，在学校是老师信赖的好学生。如今你已踏入高中的大门，16岁的你已经长大了，离开父母的时间自然长了，我也发现你那种对待生活的勇气更足了。

但16岁的你还不成熟，希望你继续走好人生的每一步，在学校尊敬老师，团结同学，乐于助人；在学习上，千万不能放松对自己的要求，一定要学有所成，将来为自己、为他人、为社会做出贡献。

要记住，16岁也是个危险的季节，就像空中的风筝，只能在放飞人控制的线中自由飞翔，线一旦断了，希望就会化为泡影。无论，你飞得多高，千万记住，下边有放线人。请记住培养你的老师，记住养育你的父母，记住帮助过你的所有的好心人。

——爸爸

玉洁：

时间过得好快，转眼间你就要跨入16岁的门槛。16岁是一个多么令人骄傲与自豪的年龄！花季少女，青春而又亮丽。但也是要学会负责任的年龄，你要为自己的一生负责，为你的前途负责。

女儿，在你这个年龄，我希望你能懂得感恩。你要学会感恩，一个人可以忽略所有世俗的品德，但是不能没有一颗感恩的心，无论是对老师、同学，还是亲朋长辈。学会感恩，就是要学会懂得尊重他人，对他人的帮助时时怀有感激之心；学会感恩，就是要让你知道每个人都在享受着别人通过付出给自己带来的快乐生活；学会感恩，就是要培养谦虚的品德，对待比自己弱小的人，要知道躬身弯腰伸出援助之手；拥有一颗感恩的心，才会懂得回报父母生育、养育之恩，才会懂得老师启蒙、教育之恩。

女儿，妈妈知道你一向是个懂事的乖乖女，你一直是爸爸妈妈心中的骄傲，相信我们的心情你一定能够读懂。女儿，今年你就要16岁了，今后，我会把你当作一个朋友来看的，希望你也能理解爸爸妈妈的一片苦心。最后，爸爸妈妈祝女儿身体健康！学习进步！开心每一天！

——爱你的妈妈

……

第八阶段：班会总结

写给16岁的诗，同学们用诗的言语来描述自己的16岁，充满了浪漫的气息，散发着青春的朝气，也弥漫着浓浓的真情。父母致16岁孩子的信，充满最真诚的祝福、最热切的期待。16岁，消退的不仅是稚气，还有任性；16岁，增长的不仅是年龄，还有责任。我们在庆祝自己成长的时候，还要想想人到中年的父母，他们头上的白发应当变成我们奋斗的力量，他们额上的皱纹应当成为指引我们人生的方向。16岁了，相信大家一定能从中感受到生命和成长的真谛！

本次班会到此结束！谢谢大家！谢谢大家的父母！

（案例提供：河南省济源市第一中学　魏俊起）

十四、感动班级十大人物评选颁奖盛典

1. 德育主题

高一上学期将要结束，我想着怎样把班级一学期的历程进行总结，对优秀的同学进行表彰，但又不想把这样一个极有价值的教育契机变成干巴生硬的年终总结。一天，突然想到每到岁末年终中央电视台都要进行"感动中国十大人物"评选，这每年一次的媒体活动已经变成全国人民的精神盛宴，感动着也激励着每一个中国人。我们为何不搞一次"感动班级十大人物"评选，并进行颁奖呢？于是就有了这次班会。

2. 德育目标

(1) 表扬先进，凝聚人心；

(2) 树立典型，鼓舞人心。

3. 德育过程

第一阶段：宣传发动

同学们以随笔的形式写出令自己的感动的人或事，并写出颁奖词。

第二阶段：成立"感动班级十大人物评选"评委会

根据同学们随笔的推荐选出九大人物，第十个要授予班集体。由于本次班会是学校"德育优质课"评比的公开课，时间只有30分钟，无法对康颖、吉河河和张盈盈三位同学进行现场采访，只好一起颁奖，在征得他们的同意后，班会顺利举行。

第三阶段:师生合力打磨颁奖词

力求文采飞扬,感人肺腑。

第四阶段:给获奖同学拍照,制作课件

每位感动人物三张幻灯片,背景都是个人照片,第一张感动事迹,第二张颁奖词,第三张关键词。

第五阶段:举行颁奖盛典

当天,买鲜花、奖杯,找一男一女两个主持人,找两位任课老师作为颁奖嘉宾,给获奖的同学献花、颁发奖杯。

(这次颁奖盛典是我们班代表年级参加学校的德育优质课展演,在学校大会议室举行,校长及全校的班主任都参加了,给这次颁奖盛典增加了庄严性。)

活动过程:

女主持人(简称"女"):敬爱的老师、亲爱的同学们,让我们一起走进感动29班十大人物颁奖盛典。

男主持人(简称"男"):在新的一年将要到来的时候,我们聚在一起来收获29班自组建以来带给我们的感动。我想这一时刻,大家都期待已久了,我们都期待分享这一笔财富,这是一笔精神的财富,它可以使我们感到温暖,它使我们心灵向善。

女:其实,在新的一年到来的时候,我们用"感动"这两个字来迎接新年是再好不过的事情了,它不仅使我们感到一股又一股的温暖,更重要的是让我们感觉到了一股力量,一股继续向前走的力量。

男:让我们先来认识他。性别男,言语少,其貌不扬。每天东方尚未鱼白,教室的第一盏电灯因他开始低头执笔而亮起来;每天饭前饭后林荫道上的时间因他低头行走的脚步而显得格外匆匆。他鲜有说笑,哪怕是课间小憩,抑或是睡前嘈杂,能与他为伴的除了他自己的影子,就只有那浅浅的脚印了。无论是大考还是小考、月考、周考,他都从没输给过第二名。他就是王岩峰,有请王岩峰。

现场采访：

女：王岩峰，唉。你知道吗？咱们班有些同学都说你很"恐怖"耶，每天进班最早的总是你，你怎么都不歇一歇、玩一玩呢？我们都很奇怪，你怎么能那么努力。我想问啊，究竟是什么让你N年如一日地努力学习？

王岩峰：我相信一个人只要坚持，坚持做同一件事情，一定能成功。我的父母掏钱让我在这里求学，我觉得学习就是我的责任，我一定要努力学习回报他们。

女：我们都想知道你的爱好是什么？

王岩峰：我十分喜欢打乒乓球。

男：是吗？那太好了，我也喜欢打乒乓球，明天咱们俩打两局如何？

王岩峰：（不好意思）那等我作业写完吧！

（主持人及现场观众大笑，然后鼓掌。主持人读颁奖词，颁奖嘉宾将奖杯与鲜花送上。）

颁奖词：他的努力，成就着自己，也感动着别人。他用自己的行动证实着、解释着"坚持"二字的含义。——坚持成功

男：她，一个求学他乡的外地女孩，用一腔热血和激情点燃理想之火；她有着极其端正的学习态度和极为认真的学习习惯；她爱父母，一首小诗道出儿女情长；她爱亲人，爷爷生病，她因求学他乡而无能为力，痛苦不已；她爱朋友，用心体贴，用情感动着每一个人；她爱老师，用最真诚的眼神与老师交流着点点滴滴。她就是王新颖。（王新颖上场）

现场采访：

男：我们这个年龄段的同学很容易跟父母发生或大或小的矛盾，有时候会感觉父母很唠叨，而你却对父母、对家人一片深情，你是怎么做到的，难道你的妈妈都没有唠叨过你吗？（观众笑）

王岩峰：首先，这要归功于我的父母，因为他们都是比较开明的人，对我要求并不是太严格。我的行为大部分是受他们的影响。他们对我的爷爷、奶奶、姥姥、姥爷都很好。有一句广告词不是这样说的吗，父母是孩子最好的老

师。我觉得非常有道理。其次，处理好与父母的关系，这是非常必要的一件事，父母总是爱自己孩子的，只是他们爱的方式不同。我们要善于理解父母的爱，父母有时会将对儿女的爱掩饰起来，或装作生气的样子，因为他们怕会娇惯孩子，而孩子有时又像父母的冤家，故意气他们，然后躲在角落里看他们的反应。我觉得：既然父母是我们最亲最爱的人，为什么要让他们伤心难过呢？孝顺父母、爱父母是我们的一份责任。

（主持人读颁奖词，颁奖嘉宾将奖杯与鲜花送上。）

颁奖词：求学在外，时刻挂念家乡；温文尔雅，灵动闪耀着光辉；时刻奔跑，留给人的多是背影；对待亲人，那片热忱和挚爱，无不打动着你、我。她是孝之行者。——孝之行者

女：他沉着、憨厚、稳重而又不乏智慧，他热爱集体，任劳任怨。对于同学的问题，他总是耐心地讲解。他是校学生会卫生部成员，对待工作一丝不苟。虽每天工作在身，却能在学习中勇夺前茅。他一脸的博士相、一身的博士风度、一味的博士气质，被同学们笑称为"小博士"、"环保小博士"、"热心小博士"、"学习小博士"。他的脸上永远都挂着最和善的微笑。他让身边的每一个人都轻松并快乐着，他永远都在无声地为29班服务着，他的人格魅力让每个人都啧啧称赞。他就是王腾飞。（王腾飞上场）

现场采访：

女：王腾飞，咱们都看过动画片《倒霉熊》，大家都说你像倒霉熊，像吗？

王腾飞：（憨厚地笑，没回答）

女（惊呼）：岂止是像，简直超像！

女：我们都知道你是校卫生部的成员，每天早上吃完早饭你都会去检查卫生，这已经占用了你很多的时间，同学们向你请教也会占用你很多时间，但你仍然耐心地为同学解答，为什么？你是怎样处理好工作和学习的关系的？

王腾飞：记得刚上高中的时候，我父亲告诉我："如果你想好好地走过高中三年，你就必须和同学搞好关系。"在学生会的这段日子里，我感受到了人与人之间除了需要爱，还需要责任，靠你我共同承担的责任。我父亲还告诉

我:"如果你想学习好,你就必须和同学讨论,学习同学的长处,千金难买三人行,帮助别人的同时也能提升自己。"

(主持人读颁奖词,颁奖嘉宾将奖杯与鲜花送上。)

颁奖词:他的存在总使我们感到温暖,学习能忘我,生活能助人。恬然一笑,笑出昂然。为班级做贡献,他毫无怨言。一举一动谱写一曲顶天立地的正义歌,奏出气冲霄汉荡气回肠的忠魂曲!堪称"人民公仆"。——人民公仆

男:每天在课间操的操场上,总有她的身影。她似一团火,用她的热情感染着大家。她似一面旗帜,引领着大家前进。"一二一"是她每天唱给咱们班不变的歌声。为了班级,她尽心尽力,为了班级她喊破嗓子。她就是,我们的体育部女部长谢越!有请谢越。(谢越上场)

现场采访:

男:在这样一个职位上,的确是又苦又累,是什么促使你坚持做下去呢?

谢越:我认为想干好一件事,除了要有决心和毅力之外,就是要热爱!我爱29班,我爱这个集体,所以我愿意为她服务。

男:我知道在你的每个笔记本上都有你的妈妈写给你的一些话,由此看来,你的妈妈对你希望很大,假如你的妈妈在场,你想对她说些什么?

谢越:我记得,妈妈曾对我说过这样一句话,一句鼓励的话:"我相信你一定能成为最棒的!"而我并没有回应她。(已经泪流满面)在这里我想对她说:"您的女儿一定会成为最棒的!"

(主持人读颁奖词,颁奖嘉宾将奖杯与鲜花送上。)

颁奖词:谁说女子不如男,我看女子也顶半边天。在体育委员这个男生独霸的职位上,你是一道别样的风景,你是一朵最美的花。——最美的花

女:他是前任的班级卫生委员,他是现任的年级一部主席。他兢兢业业,任劳任怨。也许你不觉得他有什么伟大之处,正像一位同学在随笔中写的一样,"本来不觉得他有多么伟大,自从任了卫生委员这个职位,才知道他的苦

处，明白了他的付出"。有请一部主席李信封。(李信封上场)

现场采访：

女：你看你，八尺男儿、一表人才、玉树临风、风流倜傥、回眸一笑、迷倒众生。

(帅小伙李信封也不好意思了，现场更是笑成一团。)

女：本来做卫生委员都已经很累了，现在当主席又是一个出力不讨好的活，你为什么还要这样做？

李信封：首先，刚来学校的时候，我去竞选卫生委员，是源于老班的一句鼓励。刚开始工作时，不是很好。但经过时间的推移，我学到了很多，终于在这方面做得较好之后，我去竞选主席，其中有两个原因：第一，我自信，我相信自己能胜任；第二，也是最主要的原因，是我对29班的爱，经过三个月与同学和老师们的共同生活，我深深地被大家感动了，是大家使我产生了对班级的爱。我相信这爱会给我力量，带领29班永创辉煌。

(主持人读颁奖词，颁奖嘉宾将奖杯与鲜花送上。)

颁奖词：八尺男儿，满腔热血，将满怀的热情给予班级，有着一份"山崩面前而面不改色，敌压于境而安稳如泰"的从容。一身浩然正气，屹立于天地之间，可谓人间英雄。——人间英雄

男：一副厚厚的眼镜下，劳逸结合是他的习惯，勤奋努力是他的写照，与人为善是他的精神。操场上有他打球的风姿，课堂上有他认真的身影，座位旁有他条分缕析的讲解，寝室里有他助人为乐的笑脸。他就是牛奔，有请牛奔。(牛奔上场)

现场采访：

男：大家都知道你的口头禅是"娘诶(感叹词，济源方言，相当于'妈呀'——作者注)，这道题我会"，的确有趣呀！

(牛奔露出牛奔式经典笑容)

男：有人说，你生活像水牛，带着别人，背着别人；学习像黄牛，踏踏实实，一步一个脚印。所以你的名字叫"牛奔"。对此你有什么感受？

牛奔：对同学，我一般都是能帮就帮，毕竟大家要在一起生活好长时间，处理好同学的关系是必要的，那将会给自己以后的学校生活带来很大的方便。因此，同学的困难就是我牛奔的困难！（同学们热烈鼓掌）

男：在你的牛样的生活中，有没有什么经验要与同学们分享一下？

牛奔：对于别人对自己做的不好的事，不要太在意。要时刻记住一句名言："走自己的路，让别人说去吧。"

男：牛奔真是牛！愿牛奔在以后的日子里能做到——牛牛向前奔！

（主持人读颁奖词，颁奖嘉宾将奖杯与鲜花送上。）

颁奖词：帮助他人，从来不说"烦"，学习努力，像一头勤奋的牛，奔向成功，奔向人生的辉煌！——"奔"向成功

女：同时获得此项殊荣的还有：以爽朗的笑声而闻名于29班的康颖，用满腔的热情与执着演绎着中国版的哈利·波特的吉河河，我们甜甜的歌者张盈盈。有请三位。

（颁奖嘉宾送上奖杯与鲜花。）

男：我们还把这份最高的荣誉送给我们的班集体，0729班。29，对于别人也许只是一个数字，但是对于我们就像骨和肉一样不可分离，它承载着我们一段青春的记忆，承载着我们太多的汗水与泪水，也承载着我们太多太多的欢乐。

女：还记得刚进高中大门时的我们吗？满腔热情，英气逼人。还记得那个雨天的午后吗？我们本来以为可以不参加军训了，但雨却在刚要开始军训时停了。还记得我们敬爱的郭教官吗？他就在距我们不远的地方时时地关注着我们。还记得运动会上，我们得到集体二等奖时的那份喜悦吗？还记得辩论会上我们唇枪舌剑的交锋吗？所有的这些事情都伴随着一个名字，那就是0729。

尽管我们已取得了一些荣誉，如10月份和11月份的综合考评先进班集体、期中考试优秀班集体、校运动会团体二等奖、教学秩序先进班等，但与我们的目标还有差距，我们的目标是什么？——打造济源乃至全国的优秀班集体。

(此过程，课件上展示班级所取得的荣誉、活动的照片，语言及画面让学生回忆起曾经生活的点点滴滴。)

男：最后，感动29班评委会还向一直为我们的成长付出努力的所有老师致敬，在这里，我们代表29班所有同学向你们道一声："老师，您辛苦了。"

女：老师们，同学们，感动29班颁奖盛典到此就结束了，但生活中的这些令人感动的事迹还常留在我们心中，愿我们时常能被感动，也愿我们能时常感动别人。

（案例提供：河南省济源第一中学　魏俊起）

十五、修鞋老人的书法励志课

1. 德育主题

德育不是班主任一个人的任务，班会也不应该局限于狭小的课堂。班主任要将眼光放得长远一些，将视野变得开阔一些，让班会走向社会，让班会课堂变成更为丰富的"社会讲堂"。这样可以帮助学生更早更深地去观察社会，感悟人生。同时班主任将社会人士请进课堂，也可以发挥他们有别于学校的德育功能，可以发现他们不同于教师的励志效果。

2. 德育目标

(1) 感受普通人对待生命的态度；
(2) 体会经营精神生活的重要性。

3. 德育过程

第一阶段：班会缘起

我修皮鞋时看到在修鞋摊上放着几本字帖，还有几张显然是刚写过没多久的还散发着墨香的字，古朴苍劲，很有章法，绝不是信手涂鸦，没有多年的扎实训练是写不出来的。于是，我问这位修鞋的老人（他个子矮小，背驼得厉害，是俗话说的"罗锅"）这是谁写的，没想到老人回答说是自己。我一下来了兴致，跟他聊了起来。老人叫吕东风，没有正式的工作，晚年就是以修鞋为生，平生只有一个爱好就是写字，因无力拜师学习，只好钻研字帖。即便现在他每天还要写几百字，修鞋空隙就看看字帖，体会古人一撇一捺之间的苦心和功力。我听了深为他苦难生活打不倒、苦心经营自己精神追求的人格魅力所感染。于是说："我是咱们市一中的老师，也是一位班主任，想请您给学生上一堂书法课，您看行不行？"老人一听也很激动，但又有些犹豫地说："我只是一个普普通通的修鞋匠，怎么能给咱们市最好的学校的学生讲课呢？"我说："请您不要推辞，您刻苦钻研的精神正是现在的学生普遍缺乏的素质，您本身就是对学生最好的教育呀！"老人听了很不好意思，在我的再三恳求下，他还是接受了邀请。于是，在周一班会时，我将老人带到教室……

第二阶段：班会实录

（吕先生走上讲台，学生看到就是这么一位"其貌不扬"的老人，有些失望。但是当吕先生一言不发，用粉笔写下繁体空心"书法"二字时，学生都感觉到了他运笔有力，动作潇洒，功力深厚，纷纷鼓起了掌。）

师：同学们！这就是我前几天跟大家讲的民间书法艺术家——吕东风先生。下面掌声有请吕先生给我们上一堂书法课，机会难得，大家可要仔细听。

吕：谢谢秦老师的夸奖！我顶多算一个书法爱好者，怎么敢称"书法艺术家"呢！我先简单自我介绍一下。我姓吕，叫吕东风。我本是外地人，初来济源时就在现在所住的村子里卖包子，人们不是常说要"干一行，爱一行"吗？于是我一心研究包子的做法，怎么调馅儿，怎么蒸，用什么样的火。因此，我做的包子很畅销。后来，爱人生孩子，没人帮忙，我就开始修鞋，经过反复练习琢磨，我修得又快又好，因此生意不断。有人劝我申请低保，我修鞋赚的钱基本够生活，也就不麻烦国家了。

（大家啧啧称赞）

生：吕先生，我在小学时就上过书法班，可是到现在字写得还是不好！怎么办呢？

吕：为什么你们的字练不好，这里有一个心态问题，你们练字大都是为了完成老师布置的作业，而不是发自内心的兴趣。为作业而写字，写的时候难免心浮气躁，这样自然写不好。

生：那您是怎么练的？（学生满脸虔诚地问）

吕：我每次练字前，把房间整理干净，把手洗净，换上干净衣服，平心静气，一个字一个字地慢慢写。所以我练书法，权当养生。

（说着拿起毛笔在报纸上随便写了一句：远上寒山石径斜。然后展示给学生看。在后面的看不清，同学们便争先恐后围了上来，大师一人在中间讲，同学们全神贯注地听着，只是听着还不够，最外层的同学搬来椅子站在椅子上观看大师书写，还有的同学索性站到桌子上。）

生：吕先生，看您写的字，我真是佩服得"五体投地"（其他学生笑，吕先生也不好意思地笑了笑）！我想问您是怎样走上练习书法的道路的。

吕：我小学时学习很好，毕业时考了全乡第一名，但没有被任何一所初中录取，原因是那个时候大家觉得残疾人没有培养前途。我辍学后干了很多行当，每一行都认真去干，都干得很好。我六岁就开始练字，从不间断，还因为练不好毛笔字哭过，不过还是坚持下来了。后来，我父亲鼓励我给人家写春联，我认真地去写，竟然写得很好。

（吕先生语言朴实，有问必答，一个学生说："吕先生您好！我也想学习写毛笔字，该如何持笔？如何防止手颤抖？"于是，吕先生停下讲解，手把手地教他执笔运笔。）

后来，一个学生请求道："吕先生，您给我题几个字吧！"

吕先生略一思考，提笔写下"静能生慧"四个字，并给学生讲道："写字和你们学习一样，只有心静下来，才会产生智慧，否则什么也学不好，什么也做不成！你们说是不是？"

学生听后纷纷鼓掌！

大家看吕先生如此平易近人，也纷纷拿出自己最喜欢的书和笔记本让他题字。于是，吕先生让学生说出自己的人生格言，然后一个一个地为大家书写——"永不言弃"、"天助自助者"、"一切皆有可能"、"锲而不舍，金石可镂；锲而舍之，朽木不折"、"奇迹靠自己创造"……

不知不觉下课的时间到了，同学们大都迟迟不肯离去。不一会儿，有同学拿出纯净水，恭恭敬敬地双手递给吕先生，吕先生喝了几口水，继续挥毫……

原本计划一个小时的班会课，结果变成了两个半小时。晚自习铃声响起，大家才依依不舍地回到座位。

我见此情景，便安慰道："我们向吕先生请教的机会很多，以后不仅可以到吕先生那里修鞋，还可以专门请教书法。今天就到这里吧！咱们也该让吕先生休息休息了！"

（同学们爽朗地笑了起来，吕先生也笑了起来。）

最后我说："一个人可以没有什么丰功伟绩，但一定要有一种不屈不挠的精神，不向生活低头，不被困难打垮。只要具备这一点，你就会像这位老人一样成为一个'精神高贵'的人，一个大写的人！有一句话是这样的：你若有不屈的灵魂，脚下便有一片坚实的土地。吕先生虽然身有残疾，他无论干哪一行，都能靠自己的勤劳和智慧而生活。他虽不富裕，但绝不平庸，修鞋之余，以高雅的情趣自娱。他并没有因为社会曾经的不公而气馁，更没有因为生活的艰难而放弃对自己精神生活的经营。这就是一种崇高的人生境界！让我们以热烈的掌声向吕先生表示崇高的敬意！"

（老人泪光盈盈，学生肃然起敬！我忽然想了起来，于是，用相机拍下了这令人激动的一瞬。）

第三阶段：班会随笔

矮矮的个子、蓬乱的头发、黝黑的皮肤、朴素的穿着，一个普普通通的修鞋匠，大笔一挥，竟能写出如此秀美的字，确有大师风范。这些民间艺人，虽身怀绝技，却从不以此为耀，而是心甘情愿地做社会底层的劳动者，他淡泊名利的精神令人钦佩，他真正悟到了艺术的真谛，他是我们的榜样。

——周亚林

当我看到那一手秀气而富有内涵的毛笔字时，全然忘记这字是出自一位修鞋匠之手。当我看到那双修鞋的、满是伤痕的手，才记起这确实是一个饱经风霜的人，无情的岁月在他的手上刻下了痕迹，再看看这字，完全无法相信，我们这些人们口中、眼中、心中所谓的"才子"、"才女"都写不出这样一手字。在吕先生的大笔挥洒之下能写出这样的一手字，一定是经过勤学苦练的。若想成为真正的才子，必然要经过一番寒彻骨，才能梅花扑鼻香。

——卫凌艳

或许因为残疾，他失去了与正常人相同的自由活动权利，但正是因为他拥有一份属于自己的宁静，拥有一颗比常人更孤独的心，他可以置身于书法世界中，用心书写自己的理想、自己的灵魂、自己的生命！当一个人，不管面对怎样的际遇起伏，都不曾看轻自己而卑微，也不曾盛气凌人而自傲时，他便达到了一种境界。

——刘姝君

（案例提供：河南省济源第一中学　秦望）

后记

2006年8月15日，这对我来说是一个值得纪念的日子。这一天，我以网名"杏坛小兵"在"教育在线"发了第一篇主题帖——《成功的轨迹》，我至今保存着这个带有序言性质的帖子：

鄙人乃一杏坛小兵，2004年毕业于信阳师范学院，来到河南省济源第一中学工作。从教两年来，对高中教育的烦琐与辛劳虽未能甘之如饴，却也浅尝而未止。常人眼中的大大小小的荣誉，也获得一二，可是自己越教心越虚，越教越怀疑自己是否在误人子弟，看着周围的学生大多口不能言，手不能写，天天埋首于数字与公式，时时跋涉于书山与题海，思想退化，心灵枯竭，使我想到了鲁迅老先生所描述的"屏息低头，毫不轻举妄动。两眼下视黄泉，看天就是傲慢，满脸装出死相，说笑就是放肆"（《忽然想到》），觉得不寒而栗。

于是，我留意一些教育专著和教育网站，希望从中找到改进自己教育行为、实现教育理想的方法和途径。可是，读着读着就发觉老祖宗的一句话真可谓经典，"知易行难"，好多美丽的蓝图一碰到冰冷坚硬的现实立马土崩瓦解。这也让我明白了一个道理，那些成功的经验和模式一定有适宜其生长的土壤，一味移植嫁接，难免有"橘生淮南则为橘，生于淮北则为枳"之患。

有了这些认识之后，我就开始留心探索适应本校环境、符合本班实际、能体现本人个性的教学和管理经验。我相信只要坚持五到十年，必将开拓出一条属于自己的成功之路，而这之前的所有努力就是迈向成功的轨迹。于是，以此作为自己帖子的总标题,以后争取每天都在这里留下我的思考、心得、教训。小子不敏,或惹人非议,或贻笑大方,还请各位大侠不吝赐教,杏坛小兵在此一并谢过!

从这一天起,我正式开始了自觉的教育思考和探索。写教育日记,记录自己原生态的教育生活;写教育随笔,反思自己教育行为背后的思想根源;开始班会创新实践,努力让自己的班会课既喜闻乐见,又能影响学生的心灵。几年之间,我在"教育在线·班主任论坛"陆续开设了"成功的轨迹"、"高补原生态——杏坛小兵的教育日记"、"高补美文荐读——杏坛小兵的师生共读"等主题帖,得到了众多网友热情洋溢的鼓励,这给了我莫大的支持。

2007年10月13日,这是一个让我终生难忘的日子。几天前,受学校邀请来讲学的张万祥老师看了我的系列班会案例之后,在这一天给我写了一封信。信中德高望重的张老师毫不吝啬对我这个初出茅庐的年轻人的夸赞——

我觉得这个系列班会稿写得太好了。你的学生在参加了你设计的这一系列的班会活动后,思想不被触动都难;在这些精心设计的触及心灵的班会中,想波澜不惊平静如水都难;每天接受这样高水平的教育启迪,你的学生想止步不前也难啊!做你的学生是幸福的,是荣幸的。他们一定会成才,这些高补的学生,明年一定会取得辉煌的成绩。读你的"我的高补岁月"系列班会,我几乎要拍案叫绝,我像发现了稀世珍宝般兴奋。我心里惊喜地想,杨兵是难得的班主任好材料。

这些"溢美之词"给了我动力,给了我信心,给了我希望,让我更加坚定地专注于班会创新的实践和研究。同时,张老师以他丰富的学识和广阔的视野,给我提出了几条弥足珍贵的建议:第一,进一步联系生命教育,进一步联系到幸福感,学习是艰苦的,最高层次是能够享受到学习的幸福。陈景润之所以做几麻袋算草,不知疲倦,不知枯燥,就是因为他享受到了学习的幸福。我们要让高补学生享受学习的幸福,这样动力足劲头更大。第二,建议运用《羊皮卷》,引用成功学。第三,引用当代名人成才的故事。可以说,我后来就是按着张老师指引的方向去努力，班会研究的路子更宽了，效果也更好了。可以说自从与张老师结识之后，我的每一次尝试都得到他的关注，我的每一点进步都得到他的鼓励。张老师这种不遗余力帮助年轻班主任成长的胸襟和热忱，让我感受到了一种光风霁月般的人格魅力，也让我感觉到一种知道有一位智慧高尚的老者在默默关心着我的幸福。

几年专注于班会创新的思考和探索，让我意识到作为学校思想道德教育主阵地的班会课堂（包括我之前几年的班会实践）普遍存在"内容陈旧、形式单一、主题随意、效率低下"四大弊病，以致班主任没有热情，学生缺乏兴趣，在一些班级甚至学校，班会这块德育阵地几乎"失陷"。针对这"四大弊病"，我开始积极探索具有"时代感、多样性、系统化、针对性"的班会主题和模式，希望能有效改善自己班会课堂的现状，从而真正实现"培育理想、塑造人格、丰富情感、启迪智慧"的德育理想，能够为学生健康成长负责，为学生一生发展奠基。

首先我要改变"一张嘴、一支笔、一间屋、一节课"的单调枯燥的班会课堂模式，更新德育观念，开阔德育视野，积累德育素材，利用新的教育技术和手段，发挥班主任的教育魅力，调动学生的参与热情，探索丰富多彩的德育课堂模式。

更为重要的是班会主题和内容的创新，要立足于时代与社会现实，从学生的潜在需要出发，开展主题鲜明生动、内容充实丰富、形式喜闻乐见的主题班会，以及能给学生带来情感体验、心理疏导和实践机会的集体活动，将学校教育、社会教育和学生的自我教育有机结合，通过这些拓展班会的空间和内涵，打造极具魅力的班会课堂。

几年的努力，让我受益良多，收获颇丰。先后有十余篇论文获得国家和省级一二等奖，并参与编写了张万祥老师主编的《班主任专业成长的途径》和丁如许老师主编的《魅力班会课》（高中卷）。如今又承蒙张万祥老师不弃，将这本小书收进他主编的《班主任工作助手丛书》。还令我欢欣鼓舞的是，在我那些按照上述设想精心准备的班会的滋养下，经过一年的培养和教育，今年高考我所带的"复读班"取得了辉煌的成绩，在河南省如此残酷的竞争环境下，我班47人参加高考全过二本线，其中45人过一本线，全市理科第一名和第二名都在我班，而且两人成绩均超过清华大学录取分数线10分以上。

面对收获，我有一种最强烈的感受，那就是"感激"。没有张万祥老师鼓励我"应该有勇气与信心把你的探索、你的经验呈现给社会"，我不会如此坚定地走下去，也就没有这本小书。没有吴红编辑给我的详细指导和中肯建议，我的写作之路定会困难重重。没有我们济源一中"8+1"班主任研修团队其他成员（尤其是秦望和魏俊起两位老师）的出谋划策，我的思考难以成熟深入。没有我已怀有身孕的妻子的默默支持，我难以全心投入此书的写作。还有，就是我那将会与这本书同时来到这个世界的孩子，爸爸也把这本书献给你！

当我写完本书的最后一篇文章，脑海中回响起新教育实验一直倡导的这个理念——"行动就有收获"。是的，行动就有收获……

杨兵
于2009年7月

万千教育 班主任专业发展书目

书号	书名	著、译者	定价(元)
班主任工作理念与方法			
2877	班主任工作的60个"鬼点子"	刘坚新 郑学志 编著	52.00
2879	班主任与家长沟通的艺术 ——创建优质家校关系的60个策略	郑学志 著	52.00
2204	做一个会"偷懒"的班主任（第二版）	郑学志 著	48.00
1708	怎样教授道德才有效 ——德育心理学家给教师的建议	杨韶刚 等 译	48.00
1709	学生特殊问题发现与应对 ——给普通教师的建议	昝飞 等 著	48.00
7316	把班级还给学生 ——班集体建设与管理的创新艺术	郑立平 著	26.00
7344	遭遇问题学生 ——问题学生的教育与转化技巧	万玮 编著	25.00
7317	魅力班会是怎样炼成的	杨兵 著	25.00
8631	家校沟通，没有痛过你不会懂 ——知名班主任梅洪建的心路历程	梅洪建 著	32.00
0539	如何上好班级心理辅导活动课 ——钟志农答疑50问	钟志农 著	42.00
9902	德育主任新方略	丁如许 著	32.00
8611	班主任工作中的心理效应	刘儒德 主编	35.00
1135	班主任有效沟通的艺术与技巧	李进成 著	36.00

0541	班主任如何破解德育低效难题	赵 坡 著	35.00
9135	班主任，青春万岁——王君带班之道	王 君 著	34.00
8770	班主任如何带好差班	赵 坡 著	30.00
8309	扶年轻班主任上马	王 莉 著	38.00
7926	教师必须掌握的教育惩戒艺术	郑立平 等 著	28.00
7928	做一个聪明的班主任——对常见七类学生的教育艺术	郑立平 等 著	28.00
班主任工作理念与方法合计			**694.00**
中学/中职班主任专业技能			
0938	好班是怎样炼成的——中学班主任班级建设之道	谢 云 主编	38.00
0061	中学班级心理辅导活动60例	杨敏毅 等 著	35.00
9882	初中主题班会设计技巧与优秀案例	郑学志 主编	34.00
9056	高中主题班会设计技巧与优秀案例	郑学志 主编	32.00
9557	打造高中卓越班级的42个策略	覃丽兰 著	38.00
9990	打造中职卓越班级的41个策略	李 迪 著	32.00
9905	中职主题班会设计技巧与优秀案例	李 迪 著	35.00
9604	中学德育问题与对策	李 季 贾高见 著	35.00
8463	中学班主任的70个临场应变技巧	刘令军 等 著	34.00

……
欲了解更多图书信息，请登录：www.wqedu.com
联系地址：北京市西城区三里河路6号院2号楼213室　万千教育
咨询电话：010-65181109，65262933
*本目录定价如有错误或变动，以实际出书为准。